Papa Francesco

365 giorni con te

Le più belle frasi del Papa
che sta cambiando la storia

A cura di Santino Spartà

Prima edizione: marzo 2014

Roma, Casella postale 6214

ISBN 978-88-541-6515-1

www.newtoncompton.com

Realizzazione a cura di Corpotre
Stampato nel marzo 2014 presso Puntoweb s.r.l., Ariccia (Roma)
su carta prodotta con cellulose senza cloro gas provenienti da foreste controllate e certificate, nel rispetto delle normative ecologiche vigenti

Buongiorno… Buon pranzo… Buonasera
Papa Francesco

Buona lettura
Il curatore

INTRODUZIONE

Papa Francesco? Un Pontefice con i fiocchi. È lo stesso prete, Vescovo, Cardinale, abbigliato però umilmente di bianca autorità. È ormai entrato nel guinness dei primati: primo gesuita, primo extraeuropeo, primo con il nome di Francesco, primo non abitante negli appartamenti pontifici, primo con una croce pettorale d'argento. Ha fatto rimbalzare spontaneamente, nella calma eccitazione della piazza, la semplicità di uno stile di comunicazione originale e l'affabilità di elargire l'immediatezza di gesti personali.

Sta probabilmente ricolorando attenuate efficienze, rivestendo di ottimismo la speranza, dischiudendo balenamenti di luce per un domani più sereno.

Ha voluto chiamarsi Francesco, perché il Poverello di Assisi «è l'uomo della povertà, l'uomo della pace, uomo che ama e custodisce il creato». A riguardo di questa opera, balzata dal fiat *onnipotente del Divino Artista, Papa Bergoglio ha fatto tintinnare nella sensibilità dell'uomo contemporaneo un appello ecologicamente verde: «Vorrei chiedere, per favore, a tutti coloro che occupano ruoli di responsabilità in ambito economico, politico o sociale, a tutti gli uomini e le donne di buona volontà:*

siamo custodi della creazione, del disegno di Dio iscritto nella creazione, custodi dell'altro, dell'ambiente; non lasciamo che segni di morte e distruzione accompagnino il cammino di questo nostro mondo!».

Custodire per Papa Francesco significa avere cura, con amore e tenerezza, di «coloro che sono più fragili e spesso sono nella periferia del nostro cuore», come i disabili, i bambini, i vecchi, i malati...

Riecheggia anche un'altra povertà... quella spirituale, che riguarda pure i Paesi considerati più ricchi. Si tratta della "dittatura del relativismo", che lascia ognuno come dimensione di se stesso e mette in pericolo la convivenza tra gli uomini.

È la stessa persona che ieri ha lasciato efficacemente stupita la metropolitana della capitale argentina, oggi si muove su una dignitosa vettura comune.

Mario Bergoglio, subito dopo l'elezione, ha voluto saldare di tasca sua il conto del momentaneo alloggio. Non si è vergognato di prendere posto sullo stesso bus messo a disposizione per i cardinali e continua a consumare i pasti tra tutti i commensali nel medesimo istituto.

Si astiene dal risiedere negli eleganti appartamenti pontifici, perché perderebbe la faccia nel contatto con il popolo di Dio e perché non avendo voluto in precedenza abitare nei palazzi, inciamperebbe nello scollamento con la sua coerenza. Sente il bisogno di vivere a Santa Marta per una questione «psichiatrica» ha spiegato: non potrebbe «vivere da solo, senza gli altri».

Ha lasciato all'estremità della etichetta vaticana abiti, cerimonie, fasto, ormai disarticolati con le aspettative dei fedeli. Questo modo di agire non è dettato dal desiderio di una impennata pubblicitaria, ma è la continuazione del suo antecedente modo di vivere.

Il Pontefice, pur essendo il "primus" *in Vaticano, non ha mutato la quotidianità del suo intrinseco manifestarsi, ma sta cambiando progressivamente il superato stare in parrocchia del clero: lui si approssima al proprio gregge «con l'odore delle pecore», per intuire con più agio nel belato le intime condizioni, e trasmette l'azione pertinente, mentre incoraggia le consacrate, con un linguaggio fin troppo familiare, a non essere «zitelle ma madri di figli spirituali».*

Da tempo è scoccata l'ora di uscire dalle sacrestie, perché «il pastore che si isola non è un vero pastore di pecore, ma un parrucchiere di pecore, che passa il suo tempo a mettere loro i bigodini invece di andare a cercarne altre».

Da Arcivescovo prima e ora quale successore di Pietro, seguita a raccomandare al clero misericordia, intraprendenza spirituale, disponibile accoglienza per tutti, e non tralascia di alzare un po' il tono verso coloro, che sedotti sinistramente dal «feticismo dei soldi» e incuranti di ogni etica, proseguono nel sostenere che il denaro sia impiegato «a governare e non a servire» i popoli.

Con tale esempio, riesce a bacchettare, in un modo sottilmente benevolo, quei prelati che si considerano «controllori» e non «facilitatori» di grazie divine, che proseguono a essere «preti farfalla», «preti affaristi», «preti imprenditori», e non risparmia quelle suore che non si comportano da «madri e sorelle» nell'apostolato: ad ambedue le categorie ricorda di non ostentare cilindrate di lusso ed esorta a fare a meno delle dimore a cinque stelle.

«A me fa male quando vedo un prete o una suora con un'auto

di ultimo modello… costosa. La macchina è necessaria per fare tanto lavoro, ma prendetene una umile».

Per fortuna le parrocchie di campagna e di città pullulano di preti che distribuiscono gemme morali e perle caritative. «Questi sono sacerdoti coraggiosi, santi, buoni».

Per quale motivo questo Vescovo di Roma incolla alle mani la "ventiquattro ore" per i suoi movimenti pastorali, senza dimostrare sfoggio di erudita apparenza? Forse anche per correggere bonariamente chi, compresi certi politici, candida i portaborse a segno inequivocabile di insignificante sentirsi qualcuno.

Con questo, Papa Francesco non intende relegare dietro una lavagna persone con una proficua funzione di aiuto, ma richiamare ecclesiastici impomatati di sussiego e cristiani di pasticceria con «la faccia di peperoncino all'aceto» a non esagerare con i dipendenti.

Si convincano essi una buona volta, navigando sullo stile di Papa Francesco, a non avere, ma a essere veri segretari di Cristo nell'apostolato, con la voglia di scolorire l'aspirazione al carrierismo, «lebbra e mondanità spirituale». E come per Cristo «il legno della Croce si identifica con il trono regale», così ogni sacerdote deve annodarsi a questa verità redentiva, perché «la croce abbracciata con amore non porta mai alla tristezza, ma alla gioia».

Difatti, rivolgendosi ai dipendenti della Pontificia Accademia Ecclesiastica, senza escludere gli altri sacerdoti, li ammonisce di liberarsi «da ambizioni o mire personali, che tanto male possono procurare alla Chiesa, avendo cura sempre di mettere al primo posto il bene superiore della causa del Vangelo».

Il successore di Pietro, ha sedotto "urbi et orbi" *quando ha assunto, lui gesuita, il nome del fondatore di un Ordine mendicante, Francesco, il più italiano dei santi e più santo degli italiani; quando si è rivolto al popolo nella piazza con un saluto umano, anziché con quello tradizionalmente religioso; quando preferisce chiamarsi Vescovo di Roma piuttosto che Papa; quando chiede umilmente ai fedeli osannanti di pregare l'Altissimo per la fecondità della missione spirituale; quando veste una sobria talare; quando rimette le scarpe di prima; quando appende al collo una croce pettorale d'argento, dimostrando di essere allergico all'oro e alle gemme; quando si protrae affettuoso verso i bambini, in direzione dei disabili e della gente con strette di mano; quando accetta lo zucchetto offerto da un giovane durante l'udienza generale; quando beve il matè, la bevanda energetica diffusa in Argentina, con la stessa cannuccia di un ragazzo; quando permette a un bambino di stare seduto sulla poltrona papale; quando rimette il ciuccio in bocca a un bebè; quando lava i piedi a dodici reclusi nel carcere romano di Casal di Marmo; quando grida coraggiosamente «vergogna» a quanti hanno causato quella ecatombe galleggiante nel mare di Lampedusa, e quando si produce in altri gesti umanissimi... Francesco ha fatto capire di non essere un papa-uomo, ma un uomo-papa.*

Ha già evidenziato la volontà di condividere e risolvere possibilmente i problemi del popolo: «siamo di fronte allo scandalo mondiale di circa un miliardo di persone che ancora oggi soffrono la fame... Invito tutte le istituzioni, tutta la Chiesa e ognuno di noi affinché la loro voce diventi un ruggito in grado di scuotere l'umanità»; ha marchiato chi elude «il dramma di quei migranti e rifugiati che sono vittime del rifiuto e dello sfruttamento, della tratta delle persone e del lavoro schiavo... Questa è una forma sempre più diffusa, che riguarda ogni Paese, anche i più sviluppati e che tocca le persone più vulnerabili della società: le donne e le ragazze, i bambini e le bambine, i disabili, i più poveri... La tratta delle persone è un crimine contro l'umanità, per fermarlo, dobbiamo unire le forze»; ha già stigmatizzato la "cultura dello scarto", che impone di cassare le persone fisicamente e socialmente deboli o inutili, cioè «quegli esiliati nascosti che possono esserci all'interno delle famiglie stesse: gli anziani, che a volte vengono trattati come presenze ingombranti», quando invece gli anziani, malgrado gli inevitabili malanni, spruzzano nella società e nella Chiesa considerevoli contributi, «portando con sé la memoria e la saggezza della vita»; ha condannato chi pratica le tangenti, perché questa è «un'abitudine mondana e fortemente peccatrice... Dio ci ha comandato di portare il pane a casa con il lavoro onesto»; ha intrapreso il processo di riforma della Chiesa, così come l'ha compiuto il Poverello d'Assisi nella comunità dei credenti durante il Medioevo.

Non assume portamenti solenni nelle udienze; si esplica preferibilmente con un colloquiale atteggiamento da padre e da amico, che non divagando con lo sguardo su un punto indistinto della folla, sembra zoomare il suo incantevole sorriso sui contorni di un singolo individuo.

Papa Francesco intende liberare la Chiesa dal giogo di certe appassite strutture; cerca di ingiallire, anche se gradatamente, la nostalgia del suo potere per traslitterarlo in "servizio" («Sempre nella Chiesa ci sono state cordate per arrivare più in alto... ma la strada del Signore è il suo servizio»); si sforza di sbriciolare la tutela di pur consolidate prerogative, per riproporre una fede non «inzeppata di torta e cioccolato», ma imbottita del Cristo crocifisso.

«Quando camminiamo senza la Croce», sottolinea, «quando edifichiamo senza la Croce e quando confessiamo un Cristo senza la Croce, non siamo discepoli del Signore: siamo mondani, siamo Vescovi, Preti, Cardinali, Papi, ma non discepoli del Signore». Certi papaveri della Chiesa si ricordino di essere «unti del Signore e non untuosi»; la smettano di redigere elaborati documenti, quando essi, come i detestabili farisei, non si sforzano per primi di snebbiare in pratica nemmeno il sacrificio dell'adempimento.

Appena uscito dal conclave, il Pontefice, nella udienza del 16 marzo 2013, concessa ai rappresentati dei media, circa quattromila, affisse nella universalità cattolica il suo manifesto: «Voglio una Chiesa che si pone a servizio dei poveri, che opera in loro favore, una Chiesa povera, come il suo fondatore, che da ricco si è fatto bisognoso».

A riprova di questa sua persuasione, al momento del saluto ufficiale, ha voluto che fossero presenti, tra capi di stato e delegazioni nazionali, pure dei poveri unitamente a un "cartonero", venditore di cartone e di materiale vario recuperato per sostentare la propria vita.

Se il proclama "bergogliano", gentilmente ferreo, si è presentato ad annacquare inveterati privilegi e a indebolire poltrone d'onore "mafiosamente" accaparrate, d'altra parte si è impegnato a "verdeggiare" le aspettative di un genuino rinnovamento.

A questo punto penso che Papa Francesco si avvii a essere innovatore nelle forme, pur accontentandosi di restare tradizionalista nella sostanza.

Coerentemente alla sua pastorale piuttosto schietta, si esprime con interventi parlati, stilisticamente semplici, e su questo andamento efficace staglia le tematiche della pazienza, dell'umiltà, della misericordia, della tenerezza, della fede, del perdono, didatticamente reiterate per una maggiore determinazione sui cristiani, non «satelliti o di facciata».

Il Vescovo di Roma prosegue a proteggere con l'intensità dei suoi interventi la sacralità della famiglia, «in cui si sperimenta la tenerezza, l'aiuto vicendevole, il perdono reciproco». Oltre alle virtù umane e ai valori cristiani, bisogna restare appesi a tre parole chiave: permesso, grazie, scusa.

«Quando in una famiglia non si è invadenti e si chiede "permesso", quando in una famiglia non si è egoisti e si impara a dire grazie, e quando in una famiglia uno si accorge che ha fatto una cosa brutta e sa chiedere "scusa", in quella famiglia c'è pace e c'è gioia».

E affinché le famiglie siano «luoghi di comunione e cenacoli di preghiera, autentiche scuole del Vangelo e piccole chiese domestiche», Papa Francesco le raccomanda alla Santa Famiglia di Nazaret.

Certi uomini della Chiesa, che si credono "in", ma che in realtà sono pieni solamente della loro vuotaggine, la finiscano finalmente di alzare il dito per condannare, perché contro di loro risuona l'espressione bergogliana: «Chi sono io per giudicare?», e si persuadano una buona volta che devono riconoscersi colpevoli e, per invalidare la propria disgustosa ipocrisia, assaporino quotidianamente quella candida ammissione del Vescovo di Roma: «Anche il Papa si confessa ogni quindici giorni, perché pure lui è un peccatore», mentre altri che non sono «funzionari o chierici di stato», abbiano il coraggio di frecciare la loro malcelata arroganza, accettandosi servitori della misericordia, «che cambia il mondo e lo rende meno freddo e più giusto».

Secondo Jorge Mario Bergoglio, i dicasteri devono operare per il Papa, comportarsi da mediatori, senza la pretesa di assurgere ad agenti o a conduttori, e adoperarsi per agevolare le Chiese locali o le Conferenze episcopali; diversamente non potrebbero falciare l'incombente seduzione di sostituirsi a loro con sottile ingerenza, anche perché, privi delle reali situazioni, agirebbero con una discutibile collaborazione.

Già spicca sul prossimo futuro un progetto di riforma della Curia, i cui capi «spesso sono stati narcisi, lusingati e malamente eccitati dai loro cortigiani... la lebbra del papato», come si è espresso in un'intervista al quotidiano «la Repubblica» nei primi di novembre dello scorso anno.

Il Vescovo di Roma ha rinvigorito il dialogo con le Chiese affini, ha ripreso contatto con le organizzazioni ecumeniche di risonanza internazionale, senza escludere i rappresentanti delle altre religioni. Difatti ha incontrato il 20 marzo 2013 Bartolomeo I, *patriarca di Costantinopoli e cinquanta gruppi religiosi, che si erano dati appuntamento nella Sala Clementina in Vaticano, provenienti dalle più svariate parti della terra.*

«L'ecumenismo è un processo spirituale, che si realizza nell'obbedienza fedele al Padre, nel compimento della volontà di Cristo e sotto la guida dello Spirito Santo».

Anche nella 28ª Giornata Mondiale della Gioventù a Rio de Janerio, il Vescovo di Roma ha saputo duettare con le nuove generazioni, e intercettando le loro inquietudini e speranze, ha consegnato per la soluzione dei problemi il messaggio cristiano e i valori non negoziabili. «I giovani ci aprono al futuro, impedendo di chiuderci in noi stessi... è bene investire su di loro con iniziative adeguate, che li aiutino a trovare lavoro e a fondare un focolare domestico».

Ma pure i giovani non «guardino la vita dal balcone, si impegnino a lottare per la dignità delle persone... ad andare controcorrente quando si vuole rubare la speranza, quando si propongono valori che sono avariati».

È seriamente intenzionato a esiliare da un certo maschilismo ecclesiastico la donna, per candidarla a un ruolo più incisivo nella Chiesa, che non è una «baby sitter», mentre resta convinto della imprescindibilità della presenza femminile, «con la sua sensibilità e intuizione verso l'altro, il debole e l'indifeso», specialmente in certe circostanze e in vari ambienti.

«Le doti di delicatezza, peculiare sensibilità e tenerezza di cui è ricco l'animo femminile, rappresentano non solo una genuina forza per la vita delle famiglie, per l'irradiazione di un clima di serenità e di armonia».

D'altronde pure al popolo di Dio spetta di aprire le porte della propria quotidianità alla follia salvifica della Croce. Esso deve considerare un onore l'onere dell'osservanza dei Comandamenti e non può non accettare come impegno gioioso il prestigio di appartenere a Cristo, non con cuore da «mercato rionale» o con «un amore da telenovela».

Al fedele, per quanto infagottato di limiti e di smarrimenti, non è consentito essere fiacco e vacillante dinanzi alle difficoltà e alle sue stesse debolezza. «Al contrario è invitato a irrobustire le mani, a rendere salde le ginocchia, ad avere coraggio e non temere, perché Dio mostra sempre la grandezza della misericordia. Lui dà la forza per andare avanti».

Raccomanda lo sport perché strumento efficace per lo sviluppo della persona umana, perché incita a superare i propri egocentrismi e se bene «impostato favorisce la lealtà dei rapporti interpersonali... quello sportivo è un linguaggio universale, che supera confini, razze e religioni e ideologie».

Dio è talmente misericordioso, che non si stanca di perdonare perfino anche chi ha abortito, chi ha soppresso il valore supremo della vita e ha ignorato il diritto del bambino a nascere, invece di «amare e servire la vita, di accoglierla, di rispettarla e di promuoverla, specialmente quando è fragile dal grembo materno fino alla sua fine su questa terra»; ma l'uomo veramente pentito, senza scambiare il «Dio Uno e Trino per un Dio spray, nebulizzato», non deve vergognarsi di inginocchiarsi dinanzi all'Altissimo.

«Non ci sono difficoltà, tribolazioni, incomprensioni che ci devono far paura, se rimaniamo uniti a Dio, come i tralci sono uniti alla vite, se gli facciamo sempre più spazio nella nostra vita, Dio dona forza alla nostra debolezza, ricchezza alla nostra povertà , conversione e perdono al nostro peccato».

E poi per tutti si accompagna «la medicina per il cuore», la "Misericordina", che il papa ha prescritto durante l'Angelus in piazza San Pietro; è «un aiuto per l'anima e per diffondere amore, perdono e fraternità». Dentro la scatolina è riposto un rosario, un'immaginetta della Divina Misericordia e le istruzioni per l'uso in varie lingue.

Ancora, Papa Bergoglio mette in guardia i fedeli: non devono stringere la mano al diavolo, che si eclissa astutamente in un mito o tenta di sfumare nel simbolo del male.

Il Vescovo di Roma, rifacendosi al magistero millenario della Chiesa, afferma dell'angelo delle tenebre la esistenza e la concretezza reale.

Papa Francesco, pur essendo ormai mistico fan di "Madonna Povertà"; pur avendo esortato a favorire i bisognosi, a non sciupare soldi per assistere a Roma nella sua missione petrina; pur avendo negato ai dipendenti vaticani il tradizionale supplemento per la elezione di un Papa (all'incirca sei milioni di euro); pur non avendo corrisposto ai cinque Cardinali supervisori dello Ior l'indennità annua di centoventicinquemila euro; è tuttavia paradossalmente incappato anche lui in uno spreco: ha sprecato i soldi del biglietto di ritorno in Argentina, perché i fratelli Cardinali lo hanno trattenuto in Vaticano. Così, se la compagnia di bandiera ha guadagnato un posto in aereo, la Chiesa Universale ha ritrovato un inedito Mosè. È già iniziato il cammino verso la Terra Promessa?

Santino Spartà

365 giorni con te

1. Francesco, l'uomo della pace

Alcuni non sapevano perché il Vescovo di Roma ha voluto chiamarsi Francesco. Alcuni pensavano a Francesco Saverio, a Francesco di Sales, anche a Francesco d'Assisi. Io vi racconterò la storia. Nell'elezione, io avevo accanto a me l'arciVescovo emerito di San Paolo e anche prefetto emerito della Congregazione per il Clero, il cardinale Cláudio Hummes: un grande amico, un grande amico! Quando la cosa diveniva un po' pericolosa, lui mi confortava. E quando i voti sono saliti a due terzi, viene l'applauso consueto, perché è stato eletto il Papa. E lui mi abbracciò, mi baciò e mi disse: «Non dimenticarti dei poveri!». E quella parola è entrata qui: i poveri, i poveri. Poi, subito, in relazione ai poveri ho pensato a Francesco d'Assisi. Poi, ho pensato alle guerre, mentre lo scrutinio proseguiva, fino a tutti i voti. E Francesco è l'uomo della pace. E così, è venuto il nome, nel mio cuore: Francesco d'Assisi. È per me l'uomo della povertà, l'uomo della pace, l'uomo che ama e custodisce il creato; in questo momento anche noi abbiamo con il creato una relazione non tanto buona, no? È l'uomo che ci dà questo spirito di pace, l'uomo povero… Ah, come vorrei una

Chiesa povera e per i poveri! Dopo, alcuni hanno fatto diverse battute. «Ma, tu dovresti chiamarti Adriano, perché Adriano VI è stato il riformatore, bisogna riformare...». E un altro mi ha detto: «No, no: il tuo nome dovrebbe essere Clemente». «Ma perché?» «Clemente XV: così ti vendichi di Clemente XIV che ha soppresso la Compagnia di Gesù!». Sono battute... Vi voglio tanto bene, vi ringrazio per tutto quello che avete fatto. E penso al vostro lavoro: vi auguro di lavorare con serenità e con frutto, e di conoscere sempre meglio il Vangelo di Gesù Cristo e la realtà della Chiesa. Vi affido all'intercessione della Beata Vergine Maria, Stella dell'evangelizzazione.

16 marzo 2013, udienza ai rappresentanti dei media

2. Voglio credere in Dio Padre

Voglio credere in Dio Padre,
che mi ama come un figlio,
e in Gesù, il Signore,
che ha infuso il suo Spirito
nella mia vita
per farmi sorridere e così condurmi
al Regno di vita eterna.

Credo nella mia storia,
che è stata trapassata
dallo sguardo d'amore di Dio,
e nel giorno di primavera,

il 21 settembre*,
mi ha portato all'incontro
per invitarmi a seguirlo.

Credo nel mio dolore,
infecondo a causa del mio egoismo,
nel quale mi rifugio.
Credo nella meschinità della mia anima,
che cerca di inghiottire
senza dare… senza dare.

Credo che gli altri siano buoni,
e che devo amarli senza timore,
e senza tradirli mai
per cercare sicurezza per me.
Credo nella vita religiosa.
Credo di voler amare molto.

Credo nella morte quotidiana,
bruciante, dalla quale fuggo,
ma che mi sorride invitandomi ad accettarla.
Credo nella pazienza di Dio,
accogliente, buona come una notte d'estate.

Credo che papà sia in cielo
insieme con il Signore.

* In Argentina, nell'emisfero australe, la primavera ha inizio con l'equinozio di settembre.

Credo che anche padre Duarte
stia lì intercedendo per il mio sacerdozio.
Credo in Maria, mia madre,
che mi ama e mai mi lascerà solo.

E attendo la sorpresa di ogni giorno,
in cui si manifesteranno l'amore,
la forza, il tradimento e il peccato,
che mi accompagneranno
fino all'incontro definitivo
con quel viso meraviglioso
che non so come sia,
che fuggo continuamente,
ma che voglio conoscere e amare.
Amen.

3. La preghiera delle cinque dita

Il pollice è il dito più vicino a te. Comincia quindi col pregare per coloro che ti sono più vicini. Sono le persone di cui ci ricordiamo più facilmente. Pregare per i nostri cari è un "dolce obbligo".

Il dito successivo è l'indice. Ora prega per coloro che insegnano, educano e curano. Questa categoria include maestri, professori, medici e sacerdoti. Loro hanno bisogno di sostegno e saggezza per indicare agli altri la giusta direzione. Ricordali sempre nelle tue preghiere.

Il medio è il dito più alto. Ci ricorda i nostri governanti. Prega per il presidente, i parlamentari, gli imprenditori, i dirigenti. Sono le persone che gestiscono il destino della nostra patria e guidano l'opinione pubblica. Hanno bisogno della guida di Dio.

Il quarto dito è l'anulare. Lascerà molti sorpresi, ma questo è il nostro dito più debole, come può confermare qualsiasi insegnante di pianoforte. È lì per ricordarci di pregare per i più deboli, per chi ha sfide da affrontare, per i malati. Hanno bisogno delle tue preghiere di giorno e di notte. Le preghiere per loro non sono mai troppe. Questo dito ci invita a pregare anche per le coppie sposate.

E per ultimo arriva il mignolo, il più piccolo di tutti, come piccoli dobbiamo sentirci noi di fronte a Dio e al prossimo. Come dice la Bibbia, «gli ultimi saranno i primi». Il mignolo ti ricorda di pregare per te stesso: solo dopo che avrai pregato per tutti gli altri potrai capire meglio quali sono le tue necessità, guardandole dalla giusta prospettiva.

4. Il Papa venuto dalla fine del mondo

Fratelli e sorelle, buonasera!

Voi sapete che il dovere del Conclave era di dare un Vescovo a Roma. Sembra che i miei fratelli Cardinali siano andati a prenderlo quasi alla fine del mondo... ma siamo qui... Vi ringrazio dell'accoglienza. La comunità diocesana di Roma ha il suo Vescovo: grazie! E prima di tutto, vorrei fare una preghiera per il nostro Vescovo emerito, Benedetto XVI. Preghiamo tutti insieme per lui, perché il Signore lo benedica e la Madonna lo custodisca.

[Recita del Padre Nostro, dell'Ave Maria e del Gloria al Padre]

E adesso, incominciamo questo cammino: Vescovo e popolo. Questo cammino della Chiesa di Roma, che è quella che presiede nella carità tutte le Chiese. Un cammino di fratellanza, di amore, di fiducia tra noi. Preghiamo sempre per noi: l'uno per l'altro. Preghiamo per tutto il mondo, perché ci sia una grande fratellanza. Vi auguro che questo cammino di Chiesa, che oggi incominciamo e nel quale mi aiuterà il mio Cardinale Vicario, qui presente, sia fruttuoso per l'evangelizzazione di questa città tanto bella!

E adesso vorrei dare la benedizione, ma prima – prima, vi chiedo un favore: prima che il Vescovo benedica il popolo, vi chiedo che voi preghiate il Signore perché mi benedica: la preghiera del popolo, chiedendo la benedizione per il suo Vescovo. Facciamo in silenzio questa preghiera di voi su di me.

[...]

Adesso darò la benedizione a voi e a tutto il mondo, a tutti gli uomini e le donne di buona volontà.

[Benedizione]

Fratelli e sorelle, vi lascio. Grazie tante dell'accoglienza. Pregate per me e a presto! Ci vediamo presto: domani voglio andare a pregare la Madonna, perché custodisca tutta Roma. Buona notte e buon riposo!

13 marzo 2013, benedizione apostolica Urbi et Orbi

5. Chiesa o ONG assistenziale?

Noi possiamo camminare quanto vogliamo, noi possiamo edificare tante cose, ma se non confessiamo Gesù Cristo, la cosa non va. Diventeremo una ONG assistenziale, ma non la Chiesa, Sposa del Signore. Quando non si cammina, ci si ferma. Quando non si edifica sulle pietre cosa succede? Succede quello che succede ai bambini sulla spiaggia quando fanno dei palazzi di sabbia, tutto viene giù, è senza consistenza.

14 marzo 2013, omelia

6. Il coraggio di camminare con la Croce

Io vorrei che tutti, dopo questi giorni di grazia, abbiamo il coraggio, proprio il coraggio, di camminare in presenza del Signore, con la Croce del Signore; di edificare la Chiesa sul sangue del Signore, che è versato sulla Croce; e di confessare l'unica gloria: Cristo crocifisso. E così la Chiesa andrà avanti.

14 marzo 2013, omelia

7. La sede della sapienza della vita

Cari fratelli, forza! La metà di noi è in età avanzata: la vecchiaia è – mi piace dirlo così – la sede della sapienza della vita. I vecchi hanno la sapienza di avere camminato nella vita, come il vecchio Simeone, la vecchia Anna al Tempio. E proprio quella sapienza ha fatto loro riconoscere Gesù. Doniamo questa sapienza ai giovani: come il buon vino, che con gli anni diventa più buono, doniamo ai giovani la sapienza della vita. Mi viene in mente quello che un poeta tedesco diceva della vecchiaia: «*Es ist ruhig, das Alter, und fromm*»: è il tempo della tranquillità e della preghiera. E anche di dare ai giovani questa saggezza. Tornerete ora nelle rispettive sedi per continuare il vostro ministero, arricchiti dall'esperienza di questi giorni, così carichi di fede e di comunione ecclesiale. Tale esperienza unica e incomparabile, ci ha permesso di cogliere in profondità tutta la bellezza della realtà ecclesiale, che è un riverbero del fulgore di Cristo risorto: un giorno guarderemo quel volto bellissimo del Cristo risorto!

Alla potente intercessione di Maria, nostra Madre, Madre della Chiesa, affido il mio ministero e il vostro ministero. Sotto il suo sguardo materno, ciascuno di noi possa camminare lieto e docile alla voce del suo Figlio divino, rafforzando l'unità, perseverando concordemente nella preghiera e testimoniando la genuina fede nella presenza continua del Signore. Con questi sentimenti – sono veri! – con questi sentimenti, vi imparto di cuore la benedizione Apostolica, che estendo ai vostri collaboratori e alle persone affidate alla vostra cura pastorale.

15 marzo 2013, udienza a tutti i Cardinali

8. Non stanchiamoci di chiedere perdono

Non è facile affidarsi alla misericordia di Dio, perché quello è un abisso incomprensibile. Ma dobbiamo farlo! «Oh, padre, se lei conoscesse la mia vita, non mi parlerebbe così!». «Perché? Cosa hai fatto?» «Oh, ne ho fatte di grosse!». «Meglio! Vai da Gesù: a Lui piace se gli racconti queste cose!». Lui si dimentica, Lui ha una capacità di dimenticarsi, speciale. Si dimentica, ti bacia, ti abbraccia e ti dice soltanto: «Neanch'io ti condanno; va', e d'ora in poi non peccare più» (*Gv* 8,11). Soltanto quel consiglio ti dà. Dopo un mese, siamo nelle stesse condizioni… Torniamo al Signore. Il Signore mai si stanca di perdonare: mai! Siamo noi che ci stanchiamo di chiedergli perdono. E chiediamo la grazia di non stancarci di chiedere perdono, perché Lui mai si stanca di perdonare. Chiediamo questa grazia.

17 marzo 2013, omelia

9. Un padre paziente

In questa quinta domenica di Quaresima, il Vangelo ci presenta l'episodio della donna adultera (cfr. *Gv* 8,1-11), che Gesù salva dalla condanna a morte. Colpisce l'atteggiamento di Gesù: non sentiamo parole di disprezzo, non sentiamo parole di condanna, ma soltanto parole di amore, di misericordia, che invitano alla conversione. «Neanch'io ti condanno; va', e d'ora in poi non peccare più» (v. 11). Eh, fratelli e sorelle, il volto di Dio è quello di un padre misericordioso, che sempre ha pazienza. Avete pensato voi alla pazienza di Dio, la pazienza che Lui ha con ciascuno di noi? Quella è la sua misericordia. Sempre ha pazienza, pazienza con noi, ci comprende, ci attende, non si stanca di perdonarci se sappiamo tornare a Lui con il cuore contrito.

17 marzo 2013, Angelus

10. Dio non si stanca di perdonarci

Ricordo, appena Vescovo, nell'anno 1992, è arrivata a Buenos Aires la Madonna di Fatima e si è fatta una grande Messa per gli ammalati. Io sono andato a confessare, a quella Messa. E quasi alla fine della Messa mi sono alzato, perché dovevo amministrare una cresima. È venuta da me una donna anziana, umile, molto umile, ultraottantenne. Io l'ho guardata e le ho detto: «Nonna – perché da noi si dice così agli anziani: nonna – lei vuole confessarsi?» «Sì», mi ha detto. «Ma se lei non ha peccato...». E lei mi ha detto: «Tutti abbiamo peccati...». «Ma forse il Signore non li perdona...». «Il Signore perdona tutto», mi ha detto sicura. «Ma come lo sa, lei, signora?» «Se il Signore non perdonasse tutto, il mondo non esisterebbe». Io ho sentito una voglia di domandarle: "Mi dica, signora, lei ha studiato alla Gregoriana?", perché quella è la sapienza che dà lo Spirito Santo: la sapienza interiore verso la misericordia di Dio. Non dimentichiamo questa parola: Dio mai si stanca di perdonarci, mai!

17 marzo 2013, Angelus

11. La vocazione del custodire

La vocazione del custodire non riguarda solamente noi cristiani, ha una dimensione che precede e che è semplicemente umana, riguarda tutti. *È* il custodire l'intero creato, la bellezza del creato, come ci viene detto nel Libro della Genesi e come ci ha mostrato san Francesco d'Assisi: è l'avere rispetto per ogni creatura di Dio e per l'ambiente in cui viviamo. *È* il custodire la gente, l'aver cura di tutti, di ogni persona, con amore, specialmente dei bambini, dei vecchi, di coloro che sono più fragili e che spesso sono nella periferia del nostro cuore. È l'aver cura l'uno dell'altro nella famiglia: i coniugi si custodiscono reciprocamente, poi come genitori si prendono cura dei figli, e col tempo anche i figli diventano custodi dei genitori. È il vivere con sincerità le amicizie, che sono un reciproco custodirsi nella confidenza, nel rispetto e nel bene. In fondo, tutto è affidato alla custodia dell'uomo, ed è una responsabilità che ci riguarda tutti. Siate custodi dei doni di Dio!

19 marzo 2013, omelia

12. Non abbiate paura della tenerezza

Ricordiamo che l'odio, l'invidia, la superbia sporcano la vita! Custodire vuol dire allora vigilare sui nostri sentimenti, sul nostro cuore, perché è proprio da lì che escono le intenzioni buone e cattive: quelle che costruiscono e quelle che distruggono! Non dobbiamo avere paura della bontà, anzi neanche della tenerezza!

E qui aggiungo, allora, un'ulteriore annotazione: il prendersi cura, il custodire chiede bontà, chiede di essere vissuto con tenerezza. Nei Vangeli, san Giuseppe appare come un uomo forte, coraggioso, lavoratore, ma nel suo animo emerge una grande tenerezza, che non è la virtù del debole, anzi, al contrario, denota fortezza d'animo e capacità di attenzione, di compassione, di vera apertura all'altro, capacità di amore. Non dobbiamo avere timore della bontà, della tenerezza!

19 marzo 2013, omelia

13. Aprire il cuore all'amore

Quando il nostro cuore è di pietra, succede che prendiamo pietre vere in mano e lapidiamo Gesù Cristo nelle persone dei nostri fratelli, specialmente quelli più deboli. Perciò occorre aprire il cuore all'amore.

22 marzo 2013, meditazione mattutina

14. Non siate tristi!

Questa è la prima parola che vorrei dirvi: *gioia! Non siate mai uomini e donne tristi: un cristiano non può mai esserlo! Non lasciatevi prendere mai dallo scoraggiamento! La nostra non è una gioia che nasce dal possedere tante cose, ma nasce dall'*aver incontrato una Persona: Gesù, che è in mezzo a noi; nasce dal sapere che con Lui non siamo mai soli, anche nei momenti difficili, anche quando il cammino della vita si scontra con problemi e ostacoli che sembrano insormontabili, e ce ne sono tanti! E in questo momento viene il nemico, viene il diavolo, mascherato da angelo tante volte, e insidiosamente ci dice la sua parola. Non ascoltatelo! Seguiamo Gesù!

24 marzo 2013, omelia

15. Un cuore giovane

Cari giovani, [...] voi ci portate la gioia della fede e ci dite che dobbiamo vivere la fede con un cuore giovane, sempre: un cuore giovane, anche a settanta, ottant'anni! Cuore giovane! Con Cristo il cuore non invecchia mai! Però tutti noi lo sappiamo e voi lo sapete bene che il Re che seguiamo e che ci accompagna è molto speciale: è un Re che ama fino alla Croce e che ci insegna a servire, ad amare. E voi non avete vergogna della sua Croce! Anzi, la abbracciate, perché avete capito che è nel dono di sé, nel dono di sé, nell'uscire da se stessi, che si ha la vera gioia e che con l'amore di Dio Lui ha vinto il male.

24 marzo 2013, omelia

16. Gioia, Croce, giovani

I giovani devono dire al mondo: è buono seguire Gesù; è buono andare con Gesù; è buono il messaggio di Gesù; è buono uscire da se stessi, alle periferie del mondo e dell'esistenza per portare Gesù! Tre parole: gioia, Croce, giovani.

24 marzo 2013, omelia

17. La bellezza del perdono

Che bello essere santi, ma anche quanto è bello essere perdonati.

26 marzo 2013, meditazione mattutina

18. Quando "spelliamo" l'altro siamo come Giuda

Gesù è come una mercanzia: è venduto. È venduto in quel momento e anche tante volte nel mercato della storia, nel mercato della vita, nel mercato della nostra vita. Quando noi facciamo una scelta per i trenta denari, lasciamo Gesù da parte, guardiamo il Signore che è venduto. E a volte noi, con i nostri fratelli, con i nostri amici, tra noi, facciamo quasi lo stesso. […] Quando chiacchieriamo l'uno dell'altro, […] la persona di cui chiacchieriamo è una mercanzia, diventa una mercanzia. […] Ogni volta che chiacchieriamo, ogni volta che "spelliamo" l'altro, facciamo la stessa cosa che ha fatto Giuda. Giuda quando ha tradito Gesù aveva il cuore chiuso, non aveva comprensione, non aveva amore, non aveva amicizia.

27 marzo 2013, meditazione mattutina

19. Prete mediatore o intermediario?

Il sacerdote che esce poco da sé, che unge poco – non dico "niente" perché, grazie a Dio, la gente ci ruba l'unzione – si perde il meglio del nostro popolo, quello che è capace di attivare la parte più profonda del suo cuore presbiterale. Chi non esce da sé, invece di essere mediatore, diventa a poco a poco un intermediario, un gestore.

28 marzo 2013, omelia

20. Pastori con l'odore delle pecore

Questo io vi chiedo: siate pastori con "l'odore delle pecore", che si senta quello; invece di essere pastori in mezzo al proprio gregge e pescatori di uomini. È vero che la cosiddetta "crisi di identità sacerdotale" ci minaccia tutti e si somma ad una crisi di civiltà; però, se sappiamo infrangere la sua onda, noi potremo prendere il largo nel nome del Signore e gettare le reti.

28 marzo 2013, omelia

21. Al vostro servizio

È l'esempio del Signore: Lui è il più importante e lava i piedi, perché fra noi quello che è il più alto deve essere al servizio degli altri. E questo è un simbolo, è un segno, no? Lavare i piedi è: "io sono al tuo servizio". E anche noi, fra noi, non è che dobbiamo lavare i piedi tutti i giorni l'uno all'altro, ma che cosa significa questo? Che dobbiamo aiutarci, l'un l'altro. A volte mi sono arrabbiato con uno, con un'altra... ma... lascia perdere, lascia perdere, e se ti chiede un favore, fatelo. Aiutarci l'un l'altro: questo Gesù ci insegna e questo è quello che io faccio, e lo faccio di cuore, perché è mio dovere. Come prete e come Vescovo devo essere al vostro servizio. Ma è un dovere che mi viene dal cuore: lo amo. Amo questo e amo farlo perché il Signore così mi ha insegnato. Ma anche voi, aiutateci: aiutateci sempre. L'un l'altro. E così, aiutandoci, ci faremo del bene.

28 marzo 2013, omelia

22. Non rassegniamoci mai

Fratelli e sorelle, non chiudiamoci alla novità che Dio vuole portare nella nostra vita! Siamo spesso stanchi, delusi, tristi, sentiamo il peso dei nostri peccati, pensiamo di non farcela. Non chiudiamoci in noi stessi, non perdiamo la fiducia, non rassegniamoci mai: non ci sono situazioni che Dio non possa cambiare, non c'è peccato che non possa perdonare se ci apriamo a Lui.

30 marzo 2013, omelia

23. L'oggi eterno

Gesù non è più nel passato, ma vive nel presente ed è proiettato verso il futuro, Gesù è l'"oggi" eterno di Dio.

30 marzo 2013, omelia

24. Accetta Gesù

Accetta che Gesù risorto entri nella tua vita, accoglilo come amico, con fiducia: Lui è la vita! Se fino ad ora sei stato lontano da Lui, fa' un piccolo passo: ti accoglierà a braccia aperte. Se sei indifferente, accetta di rischiare: non sarai deluso. Se ti sembra difficile seguirlo, non avere paura, affidati a Lui, stai sicuro che Lui ti è vicino, è con te e ti darà la pace che cerchi e la forza per vivere come Lui vuole.

30 marzo 2013, omelia

25. Dalla schiavitù del male alla libertà dell'amore

Ecco che cos'è la Pasqua: è l'esodo, il passaggio dell'uomo dalla schiavitù del peccato, del male alla libertà dell'amore, del bene. Perché Dio è vita, solo vita, e la sua gloria siamo noi: l'uomo vivente (cfr. Ireneo, *Adversus haereses*, 4,20,5-7).

31 marzo 2013, messaggio Urbi et Orbi

26. Il deserto che è dentro di noi

Quanti deserti, anche oggi, l'essere umano deve attraversare! Soprattutto il deserto che c'è dentro di lui, quando manca l'amore di Dio e per il prossimo, quando manca la consapevolezza di essere custode di tutto ciò che il Creatore ci ha donato e ci dona. Ma la misericordia di Dio può far fiorire anche la terra più arida, può ridare vita alle ossa inaridite.

31 marzo 2013, messaggio Urbi et Orbi

27. Gli occhiali per vedere Gesù

Alle volte nella nostra vita gli occhiali per vedere Gesù sono le lacrime.

2 aprile 2013, meditazione mattutina

28. Gesù è l'unico salvatore

Quando ci sono dei problemi, gli uomini si affidano non a Gesù, ma ad altre realtà, oppure vanno a consultare i tarocchi per sapere e capire cosa fare. Ma non è ricorrendo a maghi o tarocchi che si trova la salvezza: essa è nel nome di Gesù. E dobbiamo dare testimonianza di questo! Lui è l'unico salvatore.

5 aprile 2013, meditazione mattutina

29. Negoziare la fede

Quando incominciamo a tagliare la fede, a negoziare la fede, un po' a venderla al miglior offerente, incominciamo la strada dell'apostasia, non della fedeltà al Signore.

6 aprile 2013, meditazione mattutina

30. La pazienza di Gesù 1

Gesù non abbandona il testardo Tommaso nella sua incredulità; gli dona una settimana di tempo, non chiude la porta, attende. E Tommaso riconosce la propria povertà, la poca fede. «Mio Signore e mio Dio»: con questa invocazione semplice ma piena di fede risponde alla pazienza di Gesù. Si lascia avvolgere dalla misericordia divina, la vede davanti a sé, nelle ferite delle mani e dei piedi, nel costato aperto, e ritrova la fiducia: è un uomo nuovo, non più incredulo, ma credente.

7 aprile 2013, omelia

31. La pazienza di Gesù 2

Pietro: per tre volte rinnega Gesù proprio quando doveva essergli più vicino; e quando tocca il fondo incontra lo sguardo di Gesù che, con pazienza, senza parole gli dice: "Pietro, non avere paura della tua debolezza, confida in me"; e Pietro comprende, sente lo sguardo d'amore di Gesù e piange. Che bello è questo sguardo di Gesù – quanta tenerezza! Fratelli e sorelle, non perdiamo mai la fiducia nella misericordia paziente di Dio!

7 aprile 2013, omelia

32. La pazienza di Gesù 3

Questo è lo stile di Dio: non è impaziente come noi, che spesso vogliamo tutto e subito, anche con le persone. Dio è paziente con noi perché ci ama, e chi ama comprende, spera, dà fiducia, non abbandona, non taglia i ponti, sa perdonare.

Ricordiamolo nella nostra vita di cristiani: Dio ci aspetta sempre, anche quando ci siamo allontanati! Lui non è mai lontano, e se torniamo a Lui, è pronto ad abbracciarci.

7 aprile 2013, omelia

33. Un dialogo che dà speranza

Un grande teologo tedesco, Romano Guardini, diceva che Dio risponde alla nostra debolezza con la sua pazienza e questo è il motivo della nostra fiducia, della nostra speranza (cfr. *Glaubenserkenntnis*, Würzburg 1949). È come un dialogo fra la nostra debolezza e la pazienza di Dio, è un dialogo che se noi lo facciamo, ci dà speranza.

7 aprile 2013, omelia

34. Non abbiate paura di essere cristiani!

Agli Apostoli Gesù donò, insieme con la sua pace, lo Spirito Santo, perché potessero diffondere nel mondo il perdono dei peccati, quel perdono che solo Dio può dare, e che è costato il Sangue del Figlio (cfr. *Gv* 20,21-23). La Chiesa è mandata da Cristo risorto a trasmettere agli uomini la remissione dei peccati, e così far crescere il Regno dell'amore, seminare la pace nei cuori, perché si affermi anche nelle relazioni, nelle società, nelle istituzioni. E lo Spirito di Cristo risorto scaccia la paura dal cuore degli Apostoli e li spinge ad uscire dal Cenacolo per portare il Vangelo. Abbiamo anche noi più coraggio di testimoniare la fede nel Cristo risorto! Non dobbiamo avere paura di essere cristiani e di vivere da cristiani! Noi dobbiamo avere questo coraggio, di andare e annunciare Cristo risorto, perché Lui è la nostra pace, Lui ha fatto la pace, con il suo amore, con il suo perdono, con il suo sangue, con la sua misericordia.

7 aprile 2013, Regina Coeli

35. La salvezza dell'amore

Il Signore non ci salva con una lettera, con un decreto, ma ci ha salvato con il suo amore, [restituendo agli uomini] dignità e speranza.

10 aprile 2013, meditazione mattutina

36. Il Signore non ha la bacchetta magica

[Il Signore] ci salva nella storia: nella nostra storia personale. Il Signore non fa come una fata con la bacchetta magica. No. Ti dà la grazia e dice, come diceva a tutti quelli che lui guariva: «Va', cammina». Lo dice anche a noi: «Cammina nella tua vita, dai testimonianza di tutto quello che il Signore fa con noi».

12 aprile 2013, meditazione mattutina

37. Non bisogna truccare la vita

Non è un buon atteggiamento quello di truccare la vita, di fare il maquillage alla vita. No, no. La vita è come è. È la realtà. È come Dio vuole che sia o come Dio permette che sia. Ma è come è, e dobbiamo prenderla come è. Lo Spirito del Signore ci darà la soluzione ai problemi.

13 aprile 2013, meditazione mattutina

38. La volontà di Dio è la guida

Non si può pascere il gregge di Dio se non si accetta di essere portati dalla volontà di Dio anche dove non vorremmo, se non si è disposti a testimoniare Cristo con il dono di noi stessi, senza riserve, senza calcoli, a volte anche a prezzo della nostra vita. Ma questo vale per tutti: il Vangelo va annunciato e testimoniato. Ciascuno dovrebbe chiedersi: come testimonio io Cristo con la mia fede? Ho il coraggio di Pietro e degli altri Apostoli di pensare, scegliere e vivere da cristiano, obbedendo a Dio?

14 aprile 2013, omelia

39. Gli idoli nascosti

[Dobbiamo] spogliarci dei tanti idoli piccoli o grandi che abbiamo e nei quali ci rifugiamo, nei quali cerchiamo e molte volte riponiamo la nostra sicurezza. Sono idoli che spesso teniamo ben nascosti; possono essere l'ambizione, il carrierismo, il gusto del successo, il mettere al centro se stessi, la tendenza a prevalere sugli altri, la pretesa di essere gli unici padroni della nostra vita, qualche peccato a cui siamo legati, e molti altri. Questa sera vorrei che una domanda risuonasse nel cuore di ciascuno di noi e che vi rispondessimo con sincerità: ho pensato io a quale idolo nascosto ho nella mia vita, che mi impedisce di adorare il Signore? Adorare è spogliarci dei nostri idoli anche quelli più nascosti, e scegliere il Signore come centro, come via maestra della nostra vita.

14 aprile 2013, omelia

40. La Chiesa babysitter

[Occorre essere] fedeli allo Spirito per annunciare Gesù con la nostra vita, con la nostra testimonianza e con le nostre parole. [...] Quando facciamo questo, la Chiesa diventa una Chiesa Madre che genera figli, figli, figli, perché noi, figli della Chiesa, portiamo quello. Ma quando non lo facciamo, la Chiesa diventa non madre, ma la Chiesa babysitter, che cura il bambino per farlo addormentare. È una Chiesa sopita.

17 aprile 2013, meditazione mattutina

41. Gesù è un capocordata

Gesù è come un capocordata quando si scala una montagna, che è giunto in cima e ci attira a sé conducendoci a Dio.

17 aprile 2013, udienza generale

42. La Parola di Dio non è vostra proprietà

Dispensate a tutti quella Parola di Dio, che voi stessi avete ricevuto con gioia. Ricordate le vostre mamme, le vostre nonne, i vostri catechisti, che vi hanno dato la Parola di Dio, la fede... il dono della fede! Vi hanno trasmesso questo dono della fede. Leggete e meditate assiduamente la Parola del Signore per credere ciò che avete letto, insegnare ciò che avete appreso nella fede, vivere ciò che avete insegnato. Ricordate anche che la Parola di Dio non è proprietà vostra: è Parola di Dio. E la Chiesa è la custode della Parola di Dio.

21 aprile 2013, omelia

43. Non vi stancate di essere misericordiosi

Con il Battesimo aggregherete nuovi fedeli al popolo di Dio. Con il Sacramento della Penitenza rimetterete i peccati nel nome di Cristo e della Chiesa. E oggi vi chiedo in nome di Cristo e della Chiesa: per favore, non vi stancate di essere misericordiosi. Con l'olio santo darete sollievo agli infermi e anche agli anziani: non abbiate vergogna di avere tenerezza con gli anziani. Celebrando i sacri riti e innalzando nelle varie ore del giorno la preghiera di lode e di supplica, vi farete voce del popolo di Dio e dell'umanità intera.

21 aprile 2013, omelia

44. Non scoraggiatevi!

Il cammino della Chiesa, anche il nostro cammino cristiano personale, non sono sempre facili, incontrano difficoltà, tribolazione. Seguire il Signore, lasciare che il suo Spirito trasformi le nostre zone d'ombra, i nostri comportamenti che non sono secondo Dio e lavi i nostri peccati, è un cammino che incontra tanti ostacoli, fuori di noi, nel mondo e anche dentro di noi, nel cuore. Ma le difficoltà, le tribolazioni, fanno parte della strada per giungere alla gloria di Dio, come per Gesù, che è stato glorificato sulla Croce; le incontreremo sempre nella vita! Non scoraggiarsi! Abbiamo la forza dello Spirito Santo per vincere queste tribolazioni.

28 aprile 2013, omelia

45. Scommettete sui grandi ideali

Non ci sono difficoltà, tribolazioni, incomprensioni che ci devono far paura se rimaniamo uniti a Dio come i tralci sono uniti alla vite, se non perdiamo l'amicizia con Lui, se gli facciamo sempre più spazio nella nostra vita. Questo anche e soprattutto se ci sentiamo poveri, deboli, peccatori, perché Dio dona forza alla nostra debolezza, ricchezza alla nostra povertà, conversione e perdono al nostro peccato. È tanto misericordioso il Signore: sempre, se andiamo da Lui, ci perdona. Abbiamo fiducia nell'azione di Dio! Con Lui possiamo fare cose grandi; ci farà sentire la gioia di essere suoi discepoli, suoi testimoni. Scommettete sui grandi ideali, sulle cose grandi. Noi cristiani non siamo scelti dal Signore per cosine piccole, andate sempre al di là, verso le cose grandi. Giocate la vita per grandi ideali, giovani!

28 aprile 2013, omelia

46. La dignità e la sicurezza dei lavoratori

In questo momento, un momento speciale, desidero elevare una preghiera per le numerose vittime causate dal tragico crollo di una fabbrica in Bangladesh. Esprimo la mia solidarietà e profonda vicinanza alle famiglie che piangono i loro cari e rivolgo dal profondo del cuore un forte appello affinché sia sempre tutelata la dignità e la sicurezza del lavoratore.

28 aprile 2013, Regina Coeli

47. Il confessionale non è una tintoria

[Il] confessionale non è una tintoria: è un incontro con Gesù, ma con questo Gesù che ci aspetta, ci aspetta come siamo. [...] Ci fa vergogna dire la verità [...]. Ma la vergogna è una vera virtù cristiana e anche umana... la capacità di vergognarsi: io non so se in italiano si dice così, ma nella nostra terra a quelli che non possono vergognarsi gli dicono "*sin vergüenza*": questo è "un senza vergogna", perché non ha la capacità di vergognarsi e vergognarsi è una virtù dell'umile. [...] Benedetta vergogna. [...] Umiltà e mitezza sono come la cornice di una vita cristiana. Un cristiano va sempre così, nell'umiltà e nella mitezza. E Gesù ci aspetta per perdonarci. Possiamo fargli una domanda: allora andare a confessarsi non è andare a una seduta di tortura? No! È andare a lodare Dio, perché io peccatore sono stato salvato da Lui. E Lui mi aspetta per bastonarmi? No, con tenerezza per perdonarmi. E se domani faccio lo stesso? Vai un'altra volta, e vai e vai e vai... Lui ci aspetta sempre.

29 aprile 2013, meditazione mattutina

48. Il mattone più importante della persona?

Ricordo un bel racconto ebraico medievale. Un rabbino parlava ai suoi fedeli della costruzione della torre di Babele. In quel tempo si costruiva con il mattone. Ma per fabbricare il mattone, per fare il mattone ci voleva tanto, no? Prendere la terra, fare il fango, prendere la paglia, cuocerlo. E un mattone era una cosa preziosa. Portavano ogni mattone fin su in alto, per costruire la torre di Babele. Quando un mattone, per sbaglio, cadeva, era un problema tremendo, uno scandalo: «Ma guarda cosa hai fatto!». Ma se cadeva uno di quelli che facevano la torre dicevano solo «riposi in pace!» e lo lasciavano tranquillo. Era più importante il mattone che la persona! Questo raccontava quel rabbino del Medioevo e questo succede adesso! Le persone sono meno importanti delle cose che danno profitto a quelli che hanno il potere politico, sociale, economico. [Non siamo più consapevoli] di questa dignità della persona; di questa dignità del lavoro. Ma oggi le figure di san Giuseppe, di Gesù, di Dio che lavorano ci insegnano la strada per andare verso la dignità.

1° maggio 2013, meditazione mattutina

49. Cristo è vivo!

Io ricordo – scusatemi, è una storia personale – che da bambino mia nonna ogni Venerdì Santo ci portava alla processione delle candele e alla fine della processione arrivava il Cristo giacente e la nonna ci faceva inginocchiare e diceva a noi bambini: «Guardate è morto, ma domani sarà risorto!». La fede è entrata così: la fede in Cristo morto e risorto. [...] Cristo è vivo! [...] Cristo è vivo e anche vivo fra noi.

3 maggio 2013, meditazione mattutina

50. Camminate con decisione verso la santità

Care Confraternite, la pietà popolare [...] è un tesoro che ha la Chiesa e che i Vescovi latinoamericani hanno definito, in modo significativo, come una spiritualità, una mistica, che è uno «spazio di incontro con Gesù Cristo». Attingete sempre a Cristo, sorgente inesauribile, rafforzate la vostra fede, curando la formazione spirituale, la preghiera personale e comunitaria, la liturgia. Nei secoli le Confraternite sono state fucine di santità di tanta gente che ha vissuto con semplicità un rapporto intenso con il Signore. Camminate con decisione verso la santità; non accontentatevi di una vita cristiana mediocre, ma la vostra appartenenza sia di stimolo, anzitutto per voi, ad amare di più Gesù Cristo.

5 maggio 2013, omelia

51. Una Chiesa ricca e varia

Amate la Chiesa! Lasciatevi guidare da essa! Nelle parrocchie, nelle diocesi, siate un vero polmone di fede e di vita cristiana, un'aria fresca! In questa piazza vedo una grande varietà prima di ombrelli e adesso di colori e di segni. Così è la Chiesa: una grande ricchezza e varietà di espressioni in cui tutto è ricondotto all'unità; la varietà ricondotta all'unità è l'incontro con Cristo.

5 maggio 2013, omelia

52. Camminare insieme

«Il camminare insieme verso i santuari e la partecipazione ad altre manifestazioni della pietà popolare, portando con sé anche i figli e coinvolgendo altre persone, è in se stesso un'azione di evangelizzazione» (*Documento di Aparecida*, 264). Quando voi andate ai santuari, quando portate la famiglia, i vostri figli, voi state facendo proprio un'azione di evangelizzazione. Bisogna andare avanti così! Siate anche voi veri evangelizzatori! Le vostre iniziative siano dei "ponti", delle vie per portare a Cristo, per camminare con Lui.

5 maggio 2013, omelia

53. In difesa dei bambini

Un saluto speciale va oggi all'Associazione *Meter*, nella Giornata dei bambini vittime della violenza. E questo mi offre l'occasione per rivolgere il mio pensiero a quanti hanno sofferto e soffrono a causa di abusi. Vorrei assicurare loro che sono presenti nella mia preghiera, ma vorrei anche dire con forza che tutti dobbiamo impegnarci con chiarezza e coraggio affinché ogni persona umana, specialmente i bambini, che sono tra le categorie più vulnerabili, sia sempre difesa e tutelata.

5 maggio 2013, Regina Coeli

54. La strada della pazienza

Gesù [...] è entrato in pazienza. Questo è un processo – mi permetto la parola "un processo" – un processo di maturità cristiana, attraverso la strada della pazienza. Un processo che non si fa da un giorno all'altro: si fa durante tutta la vita per venire alla maturità cristiana. È come il buon vino.

7 maggio 2013, meditazione mattutina

55. Costruire ponti, non muri

[L'apostolo Paolo] non dice: «Idolatri! andrete all'inferno...», ma cerca di arrivare al loro cuore. [...] Paolo è un pontefice, costruttore di ponti. Lui non vuole diventare un costruttore di muri. [...] Questo è l'atteggiamento di Paolo ad Atene: fare un ponte al cuore loro, per poi fare un passo in più e annunziare Gesù Cristo.

8 maggio 2013, meditazione mattutina

56. Non siate "zitelle"

La castità per il Regno dei Cieli mostra come l'affettività ha il suo posto nella libertà matura e diventa un segno del mondo futuro, per far risplendere sempre il primato di Dio. Ma, per favore, una castità "feconda", una castità che genera figli spirituali nella Chiesa. La consacrata è madre, deve essere madre e non "zitella"! Scusatemi se parlo così, ma è importante questa maternità della vita consacrata, questa fecondità! Questa gioia della fecondità spirituale animi la vostra esistenza; siate madri, come figura di Maria Madre e della Chiesa Madre. Non si può capire Maria senza la sua maternità, non si può capire la Chiesa senza la sua maternità e voi siete icona di Maria e della Chiesa.

8 maggio 2013, discorso all'assemblea plenaria dell'unione internazionale delle superiore generali (U.I.S.G.)

57. La fede fa vedere oltre i limiti dello sguardo umano

Circa ottocento persone, sopravvissute all'assedio e all'invasione di Otranto, furono decapitate nei pressi di quella città. Si rifiutarono di rinnegare la propria fede e morirono confessando Cristo risorto. Dove trovarono la forza per rimanere fedeli? Proprio nella fede, che fa vedere oltre i limiti del nostro sguardo umano, oltre il confine della vita terrena, fa contemplare «i cieli aperti» – come dice santo Stefano – e il Cristo vivo alla destra del Padre. Cari amici, conserviamo la fede che abbiamo ricevuto e che è il nostro vero tesoro, rinnoviamo la nostra fedeltà al Signore, anche in mezzo agli ostacoli e alle incomprensioni; Dio non ci farà mai mancare forza e serenità.

12 maggio 2013, omelia

58. Toccare la carne di Cristo

Rinunciando a una vita comoda – quanto danno arreca la vita comoda, il benessere; l'"imborghesimento" del cuore ci paralizza –, rinunciando a una vita comoda per seguire la chiamata di Gesù, [Madre Lupita] insegnava ad amare la povertà, per poter amare di più i poveri e gli infermi. Madre Lupita si inginocchiava sul pavimento dell'Ospedale davanti agli ammalati e agli abbandonati per servirli con tenerezza e compassione. E questo si chiama: "toccare la carne di Cristo". I poveri, gli abbandonati, gli infermi, gli emarginati sono la carne di Cristo. E Madre Lupita toccava la carne di Cristo e ci ha insegnato questo modo di agire: non vergognarsi, non avere paura, non provare ripugnanza a "toccare la carne di Cristo"! Madre Lupita aveva capito che cosa significa questo "toccare la carne di Cristo".

12 maggio 2013, omelia

59. Le tentazioni del prete

Sant'Agostino, commentando il profeta Ezechiele, parla di due [tentazioni]: la ricchezza, che può diventare avarizia, e la vanità. E dice: "Quando il Vescovo, il prete si approfitta delle pecore per se stesso, il movimento cambia: non è il prete, il Vescovo per il popolo, ma il prete e il Vescovo che prende dal popolo". Sant'Agostino dice: prende la carne per mangiarla alla pecorella, si approfitta; fa negozi ed è attaccato ai soldi; diventa avaro e anche tante volte simoniaco. O se ne approfitta della lana per la vanità, per vantarsi.

15 maggio 2013, meditazione mattutina

60. Per il popolo

Un Vescovo non è un Vescovo per se stesso, è per il popolo; e un prete non è prete per se stesso, è per il popolo.

15 maggio 2013, meditazione mattutina

61. I cristiani da salotto

Ci sono anche i cristiani da salotto, no? Quelli educati, tutto bene, ma non sanno fare figli alla Chiesa con l'annunzio e il fervore apostolico. Oggi possiamo chiedere allo Spirito Santo che dia questo fervore apostolico a tutti noi, anche ci dia la grazia di dare fastidio alle cose che sono troppo tranquille nella Chiesa; la grazia di andare avanti verso le periferie esistenziali. [...] Dunque chiediamo allo Spirito Santo questa grazia dello zelo apostolico, cristiani con zelo apostolico. E se diamo fastidio, benedetto sia il Signore. Avanti, come dice il Signore a Paolo: «Coraggio».

16 maggio 2013, meditazione mattutina

62. Peccatori sì, corrotti no

[Gesù] consegna il suo gregge a un peccatore. Peccatore, ma non corrotto. Peccatori sì, tutti, ma corrotti no!

17 maggio 2013, meditazione mattutina

63. Cristiani di buone maniere e di cattive abitudini: le chiacchiere

Quanto si chiacchiera nella Chiesa! Quanto chiacchieriamo noi cristiani! [...] Sembra bello chiacchierare... Non so perché, ma sembra bello. Come le caramelle di miele, no? Tu ne prendi una e dici: Ah che bello! E poi un'altra, un'altra, un'altra e alla fine ti viene il mal di pancia. [La chiacchiera] è dolce all'inizio e poi ti rovina, ti rovina l'anima! Le chiacchiere sono distruttive nella Chiesa, sono distruttive. È un po' lo spirito di Caino: ammazzare il fratello, con la lingua [...], con maniere buone. Ma su questa strada diventiamo cristiani di buone maniere e di cattive abitudini! Cristiani educati, ma cattivi.

18 maggio 2013, meditazione mattutina

64. Cristiani di buone maniere e di cattive abitudini: i paragoni

[Santa Teresina] quando era bambina, ha avuto la curiosità di capire perché Gesù sembrasse non giusto: a uno gli dava tanto e all'altro tanto poco. Era bambina e ha fatto la domanda alla sua sorella più grande e lei – saggia questa sorella! – ha preso un ditale e un bicchiere. Li ha riempiti di acqua, tutti e due, e poi le ha fatto la domanda: «Dimmi Teresina, quale di questi due è più pieno?» «Ma tutti e due sono pieni!». «E così è Gesù con noi: non interessa se tu sei grande, sei piccolo. Interessa se tu sei pieno dell'amore di Gesù e della grazia di Gesù!». Gesù con noi fa così.

18 maggio 2013, meditazione mattutina

65. Apriamoci alla novità

La novità ci fa sempre un po' di paura, perché ci sentiamo più sicuri se abbiamo tutto sotto controllo, se siamo noi a costruire, a programmare, a progettare la nostra vita secondo i nostri schemi, le nostre sicurezze, i nostri gusti. E questo avviene anche con Dio. Spesso lo seguiamo, lo accogliamo, ma fino ad un certo punto; ci è difficile abbandonarci a Lui con piena fiducia, lasciando che sia lo Spirito Santo l'anima, la guida della nostra vita, in tutte le scelte; abbiamo paura che Dio ci faccia percorrere strade nuove, ci faccia uscire dal nostro orizzonte spesso limitato, chiuso, egoista, per aprirci ai suoi orizzonti. Ma, in tutta la storia della salvezza, quando Dio si rivela porta novità – Dio porta sempre novità –, trasforma e chiede di fidarsi totalmente di Lui: Noè costruisce un'arca deriso da tutti e si salva; Abramo lascia la sua terra con in mano solo una promessa; Mosè affronta la potenza del faraone e guida il popolo verso la libertà; gli Apostoli, timorosi e chiusi nel Cenacolo, escono con coraggio per annunciare il Vangelo.

19 maggio 2013, omelia

66. Lo Spirito Santo è armonia

Nella Chiesa l'armonia la fa lo Spirito Santo. Uno dei Padri della Chiesa ha un'espressione che mi piace tanto: lo Spirito Santo «*ipse harmonia est*». Lui è proprio l'armonia. Solo Lui può suscitare la diversità, la pluralità, la molteplicità e, nello stesso tempo, operare l'unità. Anche qui, quando siamo noi a voler fare la diversità e ci chiudiamo nei nostri particolarismi, nei nostri esclusivismi, portiamo la divisione; e quando siamo noi a voler fare l'unità secondo i nostri disegni umani, finiamo per portare l'uniformità, l'omologazione. Se invece ci lasciamo guidare dallo Spirito, la ricchezza, la varietà, la diversità non diventano mai conflitto, perché Egli ci spinge a vivere la varietà nella comunione della Chiesa. Il camminare insieme nella Chiesa, guidati dai Pastori, che hanno uno speciale carisma e ministero, è segno dell'azione dello Spirito Santo; l'ecclesialità è una caratteristica fondamentale per ogni cristiano, per ogni comunità, per ogni movimento. È la Chiesa che mi porta Cristo e mi porta a Cristo; i cammini paralleli sono tanto pericolosi! Quando ci si avventura andando oltre (*proagon*) la dottrina e la Comunità ecclesiale – dice l'Apostolo

Giovanni nella sua *Seconda Lettera* – e non si rimane in esse, non si è uniti al Dio di Gesù Cristo (cfr. *2Gv* v. 9). Chiediamoci allora: sono aperto all'armonia dello Spirito Santo, superando ogni esclusivismo? Mi faccio guidare da Lui vivendo nella Chiesa e con la Chiesa?

19 maggio 2013, omelia

67. L'anima è una barca a vela

I teologi antichi dicevano: l'anima è una specie di barca a vela, lo Spirito Santo è il vento che soffia nella vela per farla andare avanti, gli impulsi e le spinte del vento sono i doni dello Spirito. Senza la sua spinta, senza la sua grazia, noi non andiamo avanti. Lo Spirito Santo ci fa entrare nel mistero del Dio vivente e ci salva dal pericolo di una Chiesa gnostica e di una Chiesa autoreferenziale, chiusa nel suo recinto; ci spinge ad aprire le porte per uscire, per annunciare e testimoniare la vita buona del Vangelo, per comunicare la gioia della fede, dell'incontro con Cristo. Lo Spirito Santo è l'anima della *missione*. Quanto avvenuto a Gerusalemme quasi duemila anni fa non è un fatto lontano da noi, è un fatto che ci raggiunge, che si fa esperienza viva in ciascuno di noi. La Pentecoste del Cenacolo di Gerusalemme è l'inizio, un inizio che si prolunga. Lo Spirito Santo è il dono per eccellenza di Cristo risorto ai suoi Apostoli, ma Egli vuole che giunga a tutti.

19 maggio 2013, omelia

68. La preghiera coraggiosa ottiene i miracoli

[Una bambina di sette anni si era ammalata, ma i medici non trovavano la soluzione. Andava peggiorando sempre, sino a quando, una sera, i medici dissero che non c'era più niente da fare e che le rimanevano poche ore di vita]. Il papà, che era un elettricista, un uomo di fede, è diventato come pazzo. E spinto da quella pazzia ha preso il bus ed è andato al santuario di Luján, due ore e mezzo di bus, a settanta chilometri di distanza. È arrivato alle nove di sera e ha trovato tutto chiuso. E lui ha cominciato a pregare con le mani aggrappate al cancello di ferro. Pregava e piangeva. Così è rimasto tutta la notte. Quest'uomo lottava con Dio. Lottava proprio con Dio per la guarigione della sua fanciulla. Poi alle sei di mattina è andato al terminal e ha preso il bus. È arrivato all'ospedale alle nove, più o meno. Ha trovato la moglie che piangeva e ha pensato al peggio: «Cosa è successo? Non capisco. Cosa è successo?» «Sono venuti i dottori», gli ha risposto la moglie, «e mi hanno detto che la febbre è scomparsa, respira bene, non c'è niente... La terranno ancora solo due giorni. Ma non capiscono quello che è successo». E questo succede ancora. I miracoli ci sono. Ma serve la preghiera! Una preghiera coraggiosa, che lotta per arrivare a quel miracolo, non quelle preghiere per cortesia: Ah, io pregherò per te! Poi un Pater Noster, un'Ave Maria e mi dimentico. No! Ci vuole una preghiera coraggiosa, come quella di Abramo che lottava con il Signore per salvare la città; come quella di Mosè che pregava con le mani in alto e si stancava pregando il Signore; come quella di tanta gente che ha fede e con la fede prega, prega.

20 maggio 2013, meditazione mattutina

69. Il potere del servizio

La lotta per il potere nella Chiesa non è cosa di questi giorni, eh? È cominciata là, proprio con Gesù. [...] I capi delle nazioni sottomettono i loro popoli e fanno sentire il loro potere... Ma fra voi non deve essere così. Questa è la chiave: fra noi non deve essere così, la lotta per il potere nella Chiesa non deve esistere. O, se vogliamo, che sia la lotta per il vero potere, cioè quello che Lui, con il suo esempio, ci ha insegnato: il potere del servizio. Il vero potere è il servizio. Come ha fatto Lui, che è venuto non a farsi servire, ma a servire. E il suo servizio è stato proprio un servizio di Croce: Lui si è abbassato, fino alla morte, morte di Croce, per noi; per servire noi, per salvare noi. [...] Nella Chiesa il più grande è quello che più serve, che più è al servizio degli altri. Questa è la regola. [...] Sempre ci sono state nelle Chiese cordate per arrivare più in alto: carrierismo, arrampicatori, nepotismo. Ma quella non è la strada del Signore. La strada del Signore è il suo servizio. Come Lui ha fatto il suo servizio, noi dobbiamo andare dietro a Lui nel cammino del servizio. Quello è il vero potere nella Chiesa. Io vorrei oggi pregare per tutti noi, perché il Signore ci dia la grazia di capire che il vero potere nella Chiesa è il servizio e anche per capire quella regola d'oro che Lui ci ha insegnato con il suo esempio: per un cristiano progredire, andare avanti, significa abbassarsi.

21 maggio 2013, meditazione mattutina

70. Uccidere in nome di Dio è una bestemmia

Dire che si può uccidere in nome di Dio è una bestemmia. [...] Io vorrei chiedere oggi al Signore questa grazia per tutti. Scoprire il comandamento che tutti noi abbiamo: fai il bene, non fare il male, e lavorare su questo incontrarci facendo il bene.

22 maggio 2013, meditazione mattutina

71. Il sale che insaporisce

Il sale ha senso quando si dà per insaporire le cose. Penso anche che il sale conservato nella bottiglietta, con l'umidità, perde forza e non serve. Il sale che noi abbiamo ricevuto è per darlo, è per insaporire, è per offrirlo. Al contrario diventa insipido e non serve. Dobbiamo chiedere al Signore di non diventare cristiani con il sale insipido, con il sale chiuso nella bottiglietta. Ma il sale ha anche un'altra particolarità: quando si usa bene, non si sente il gusto del sale, il sapore del sale... Non si sente! Si sente il sapore di ogni pasto: il sale aiuta a far sì che il sapore di quel pasto sia più buono, più conservato ma più buono, più saporito. Questa è la originalità cristiana!

23 maggio 2013, meditazione mattutina

72. Se il Pastore diventa chierico di stato

La mancata vigilanza – lo sappiamo – rende tiepido il Pastore; lo fa distratto, dimentico e persino insofferente; lo seduce con la prospettiva della carriera, la lusinga del denaro e i compromessi con lo spirito del mondo; lo impigrisce, trasformandolo in un funzionario, un chierico di stato preoccupato più di sé, dell'organizzazione e delle strutture, che del vero bene del popolo di Dio. Si corre il rischio, allora, come l'Apostolo Pietro, di rinnegare il Signore, anche se formalmente ci si presenta e si parla in suo nome; si offusca la santità della Madre Chiesa gerarchica, rendendola meno feconda.

23 maggio 2013, omelia

73. Essere Pastori vuol dire camminare in mezzo al gregge

Per questo, essere Pastori vuol dire anche disporsi a camminare in mezzo e dietro al gregge: capaci di ascoltare il silenzioso racconto di chi soffre e di sostenere il passo di chi teme di non farcela; attenti a rialzare, a rassicurare e a infondere speranza. Dalla condivisione con gli umili la nostra fede esce sempre rafforzata: mettiamo da parte, quindi, ogni forma di supponenza, per chinarci su quanti il Signore ha affidato alla nostra sollecitudine. Fra questi, un posto particolare, ben particolare, riserviamolo ai nostri sacerdoti: soprattutto per loro, il nostro cuore, la nostra mano e la nostra porta restino aperti in ogni circostanza. Loro sono i primi fedeli che abbiamo noi Vescovi: i nostri sacerdoti. Amiamoli! Amiamoli di cuore! sono i nostri figli e i nostri fratelli!

23 maggio 2013, omelia

74. Preghiera a Maria

Madre del silenzio, che custodisce il mistero di Dio,
liberaci dall'idolatria del presente, a cui si condanna chi dimentica.
Purifica gli occhi dei Pastori con il collirio della memoria:
torneremo alla freschezza delle origini, per una Chiesa orante e penitente.

Madre della bellezza, che fiorisce dalla fedeltà al lavoro quotidiano,
destaci dal torpore della pigrizia, della meschinità e del disfattismo.
Rivesti i Pastori di quella compassione che unifica e integra:
scopriremo la gioia di una Chiesa serva, umile e fraterna.

Madre della tenerezza, che avvolge di pazienza e di misericordia,
aiutaci a bruciare tristezze, impazienze e rigidità di chi non conosce appartenenza.
Intercedi presso tuo Figlio perché siano agili le nostre mani, i nostri piedi e i nostri cuori:
edificheremo la Chiesa con la verità nella carità.
Madre, saremo il popolo di Dio, pellegrinante verso il Regno. Amen.

23 maggio 2013, omelia

75. La dogana pastorale

Pensate a una ragazza madre, che va in chiesa, in parrocchia e dice al segretario: «Voglio battezzare il bambino». E poi questo cristiano, questa cristiana le dice: «No, tu non puoi perché non sei sposata!». Ma guardi, che questa ragazza che ha avuto il coraggio di portare avanti la sua gravidanza e non rinviare suo figlio al mittente, cosa trova? Una porta chiusa! Questo non è un buon zelo! Allontana dal Signore! Non apre le porte! E così quando noi siamo su questa strada, in questo atteggiamento, noi non facciamo bene alle persone, alla gente, al popolo di Dio. Ma Gesù ha istituito sette Sacramenti e noi con questo atteggiamento istituiamo l'ottavo: il sacramento della dogana pastorale!

25 maggio 2013, meditazione mattutina

76. La Madonna che va di fretta

Quando la Madonna, appena ricevuto l'annunzio che sarebbe stata madre di Gesù, e anche l'annunzio che sua cugina Elisabetta era incinta – dice il Vangelo – se ne andò in fretta; non aspettò. Non ha detto: «Ma adesso io sono incinta, devo curare la mia salute. Mia cugina avrà delle amiche che forse l'aiuteranno». Lei ha sentito qualcosa e "se ne andò in fretta". È bello pensare questo della Madonna, della nostra Madre, che va in fretta, perché ha questo dentro: aiutare. Va per aiutare, non va per vantarsi e dire alla cugina: «Ma senti, adesso comando io, perché sono la Mamma di Dio!». No, non ha fatto quello. È andata ad aiutare! E la Madonna è sempre così. È la nostra Madre, che sempre viene in fretta quando noi abbiamo bisogno. Sarebbe bello aggiungere alle Litanie della Madonna una che dica così: "Signora che vai in fretta, prega per noi!". È bello questo, vero? Perché Lei va sempre in fretta, Lei non si dimentica dei suoi figli. E quando i suoi figli sono nelle difficoltà, hanno un bisogno e la invocano, Lei in fretta va. E questo ci dà una sicurezza, una sicurezza di avere la Mamma accanto, al nostro fianco sempre. Si va, si cammina meglio nella vita quando abbiamo la mamma vicina. Pensiamo a questa grazia della Madonna, questa grazia che ci dà: di essere vicina a noi, ma senza farci aspettare. Sempre! Lei è – abbiamo fiducia in questo – per aiutarci. La Madonna che sempre va in fretta, per noi.

26 maggio 2013, omelia

77. E lo Spirito Santo? Ci ama

Il Padre crea tutti, crea il mondo; Gesù ci salva; e lo Spirito Santo? Ci ama! E questa è la vita cristiana: parlare con il Padre, parlare con il Figlio e parlare con lo Spirito Santo. Gesù ci ha salvato, ma anche cammina con noi nella vita.

26 maggio 2013, omelia

78. Un Dio "spray"

Dio non è qualcosa di vago, il nostro Dio non è un Dio "spray", è concreto, non è un astratto, ma ha un nome: «Dio è amore». Non è un amore sentimentale, emotivo, ma l'amore del Padre che è all'origine di ogni vita, l'amore del Figlio che muore sulla Croce e risorge, l'amore dello Spirito che rinnova l'uomo e il mondo. Pensare che Dio è amore ci fa tanto bene, perché ci insegna ad amare, a donarci agli altri come Gesù si è donato a noi, e cammina con noi. Gesù cammina con noi nella strada della vita.

26 maggio 2013, Angelus

79. L'esempio di don Giuseppe Puglisi

Ieri, a Palermo, è stato proclamato beato don Giuseppe Puglisi, sacerdote e martire, ucciso dalla mafia nel 1993. Don Puglisi è stato un sacerdote esemplare, dedito specialmente alla pastorale giovanile. Educando i ragazzi secondo il Vangelo li sottraeva alla malavita, e così questa ha cercato di sconfiggerlo uccidendolo. In realtà, però, è lui che ha vinto, con Cristo risorto. Io penso a tanti dolori di uomini e donne, anche di bambini, che sono sfruttati da tante mafie, che li sfruttano facendo fare loro un lavoro che li rende schiavi, con la prostituzione, con tante pressioni sociali. Dietro a questi sfruttamenti, dietro a queste schiavitù, ci sono mafie. Preghiamo il Signore perché converta il cuore di queste persone. Non possono fare questo! Non possono fare di noi, fratelli, schiavi! Dobbiamo pregare il Signore! Preghiamo perché questi mafiosi e queste mafiose si convertano a Dio e lodiamo Dio per la luminosa testimonianza di don Giuseppe Puglisi, e facciamo tesoro del suo esempio!

26 maggio 2013, Angelus

80. Il fascino del provvisorio

La cultura del benessere che ci fa poco coraggiosi, ci fa pigri, ci fa anche egoisti. Il benessere ci anestetizza. [...] «No, no, più di un figlio, no! Perché non possiamo fare le vacanze, non possiamo andare qua, non possiamo comprare la casa; no! Va bene seguire il Signore, ma fino a un certo punto». È questo che fa il benessere. Tutti sappiamo bene come fa il benessere. Ma questo ci getta giù, ci spoglia di quel coraggio, di quel coraggio forte per andare vicino a Gesù, [come] il fascino del provvisorio. Noi siamo innamorati del provvisorio [...] perché abbiamo paura del tempo di Dio.

27 maggio 2013, meditazione mattutina

81. La carriera ecclesiastica

La storia della Chiesa è piena di questo, cominciando da alcuni imperatori; poi tanti governanti, tante persone. E anche alcuni – non voglio dire tanti, ma alcuni – preti, alcuni Vescovi. Non sono tanti, ma alcuni pensano che seguire Gesù è fare carriera. [...] Tanti cristiani, tentati dallo spirito del mondo, pensano che seguire Gesù [sia una cosa buona perché] così si può fare carriera, si può andare avanti. Ma quello non è lo spirito.

28 maggio 2013, meditazione mattutina

82. Il trionfo tramite il fallimento

Il trionfalismo nella Chiesa ferma la Chiesa. Il trionfalismo di noi cristiani ferma i cristiani. Una Chiesa trionfalista è una Chiesa a metà cammino. [Una Chiesa] ben sistemata, con tutti gli uffici, tutto a posto, tutto bello, efficiente, [ma che pensa] soltanto ai trionfi, ai successi; che non ha quella regola di Gesù: la regola del trionfo tramite il fallimento. Il fallimento umano, il fallimento della Croce. E questa è una tentazione che tutti noi abbiamo.

[...] Una volta, ero in un momento buio della mia vita spirituale, e chiedevo una grazia al Signore. Sono andato a predicare gli esercizi dalle suore e l'ultimo giorno si sono confessate. È venuta a confessarsi una suora anziana, più di ottant'anni, ma con gli occhi chiari, proprio luminosi. Era una donna di Dio. Poi alla fine l'ho vista tanto donna di Dio che le ho detto: «Suora, come penitenza preghi per me, perché ho bisogno di una grazia, eh? Se lei la chiede al Signore, me la darà sicuro». Lei si è fermata un attimo, come se pregasse, e mi ha detto questo: «Sicuro che il Signore le darà la grazia ma non si sbagli: con il suo modo divino». Questo mi ha fatto tanto bene: sentire che il Signore ci dà sempre quello che chiediamo ma lo fa con il suo modo divino. Non per masochismo, no no: per amore, per amore fino alla fine.

29 maggio 2013, meditazione mattutina

83. La soluzione di Gesù è la condivisione

Di fronte alla necessità della folla, ecco la soluzione dei discepoli: ognuno pensi a se stesso; congedare la folla! Ognuno pensi a se stesso; congedare la folla! Quante volte noi cristiani abbiamo questa tentazione! Non ci facciamo carico delle necessità degli altri, congedandoli con un pietoso: "Che Dio ti aiuti", o con un non tanto pietoso: "Felice sorte", e se non ti vedo più… Ma la soluzione di Gesù va in un'altra direzione, una direzione che sorprende i discepoli: «Voi stessi date loro da mangiare». Ma come è possibile che siamo noi a dare da mangiare ad una moltitudine? «Non abbiamo che cinque pani e due pesci, a meno che non andiamo noi a comprare viveri per tutta questa gente» (*Lc* 9,13). Ma Gesù non si scoraggia: chiede ai discepoli di far sedere la gente in comunità di cinquanta persone, alza gli occhi al cielo, recita la benedizione, spezza i pani e li dà ai discepoli perché li distribuiscano (cfr. *Lc* 9,16).

30 maggio 2013, omelia

84. Non dobbiamo temere la solidarietà

Nella Chiesa, ma anche nella società, una parola chiave di cui non dobbiamo avere paura è "solidarietà", saper mettere, cioè, a disposizione di Dio quello che abbiamo, le nostre umili capacità, perché solo nella condivisione, nel dono, la nostra vita sarà feconda, porterà frutto. Solidarietà: una parola malvista dallo spirito mondano!

30 maggio 2013, omelia

85. La gioia rende liberi

Non si può portare avanti il Vangelo con cristiani tristi, sfiduciati, scoraggiati; non si può. Questo atteggiamento è un po' funerario. […] Se tu non lodi Dio e non conosci la gratuità del perdere il tempo lodando a Dio, certo che è lunga la Messa! Ma se tu vai a questo atteggiamento della gioia, della lode a Dio, questo è bello. L'eternità sarà questa: lodare Dio. Ma questo non sarà noioso, sarà bellissimo. Questa gioia ci fa liberi.

31 maggio 2013, meditazione mattutina

86. Il miracolo della condivisione

Il Vangelo ci propone il racconto del miracolo dei pani (*Lc* 9,11-17); vorrei soffermarmi su un aspetto che sempre mi colpisce e mi fa riflettere. Siamo sulla riva del lago di Galilea, la sera si avvicina; Gesù si preoccupa per la gente che da tante ore sta con Lui: sono migliaia, e hanno fame. Che fare? [...]

Gesù sa bene che cosa fare, ma vuole coinvolgere i suoi discepoli, vuole educarli. Quello dei discepoli è l'atteggiamento umano, che cerca la soluzione più realistica, che non crei troppi problemi: «Congeda la folla», dicono, «ciascuno si arrangi come può, del resto hai fatto già tanto per loro: hai predicato, hai guarito i malati... Congeda la folla!».

L'atteggiamento di Gesù è nettamente diverso, ed è dettato dalla sua unione con il Padre e dalla compassione per la gente, quella pietà di Gesù verso tutti noi: Gesù sente i nostri problemi, sente le nostre debolezze, sente i nostri bisogni. Di fronte a quei cinque pani, Gesù pensa: "Ecco la Provvidenza! Da questo poco, Dio può tirar fuori il necessario per tutti". Gesù si fida totalmente del Padre celeste, sa che a Lui tutto è possibile. Perciò dice ai discepoli di far sedere la gente a gruppi di cinquanta – non è casuale questo, perché questo significa che non sono più una folla, ma diventano comunità, nutrite dal pane di Dio. Poi prende quei pani e i pesci, alza gli occhi al cielo, recita la benedizione – è chiaro il riferimento all'Eucaristia, poi li spezza e comincia a darli ai discepoli, e i discepoli li distribuiscono... e i pani e i pesci non finiscono, non finiscono! Ecco il miracolo: più che una moltiplicazione è una condivisione, animata dalla fede e dalla preghiera. Mangiarono tutti e ne avanzò: è il segno di Gesù, pane di Dio per l'umanità.

2 giugno 2013, Angelus

87. Tutto si perde con la guerra

Questa mattina, ho celebrato la Santa Messa con alcuni militari e con i parenti di alcuni caduti nelle missioni di pace, che cercano di promuovere la riconciliazione e la pace in Paesi in cui si sparge ancora tanto sangue fraterno in guerre che sono sempre una follia. «Tutto si perde con la guerra. Tutto si guadagna con la pace». Chiedo una preghiera per i caduti, i feriti e i loro familiari.

*2 giugno 2013, dopo l'*Angelus

88. Il linguaggio dei corrotti

[L'adulatore] va con parole morbide, con parole belle, con parole troppo zuccherate. [...] Abbiamo parlato dei corrotti. Oggi troviamo il linguaggio dei corrotti. Qual è la loro lingua? Questa: la lingua dell'ipocrisia. Non lo diciamo noi, non lo dico io, ma Gesù, conoscendo la loro ipocrisia. [L'ipocrisia] è la lingua dei corrotti. Questi non amano la verità. Amano soltanto se stessi e così cercano di ingannare, di coinvolgere l'altro nella loro menzogna, nella loro bugia. Hanno il cuore bugiardo; non possono dire la verità. Lo stesso linguaggio che ha usato Satana dopo il digiuno nel deserto: «Tu hai fame: questa pietra puoi trasformarla in pane»; e poi: «Perché tanto lavoro, buttati giù dal tempio». Questo linguaggio, che sembra persuasivo, porta all'errore, alla menzogna.

4 giugno 2013, meditazione mattutina

89. Le persone come rifiuti

Se una notte di inverno, qui vicino in via Ottaviano, per esempio, muore una persona, quella non è notizia. Se in tante parti del mondo ci sono bambini che non hanno da mangiare, quella non è notizia, sembra normale. Non può essere così! Eppure queste cose entrano nella normalità: che alcune persone senza tetto muoiano di freddo per la strada non fa notizia. Al contrario, un abbassamento di dieci punti nelle borse di alcune città, costituisce una tragedia. Uno che muore non è una notizia, ma se si abbassano di dieci punti le borse è una tragedia! Così le persone vengono scartate, come se fossero rifiuti.

5 giugno 2013, udienza generale

90. Il Cuore di Gesù è un simbolo reale

La pietà popolare valorizza molto i simboli, e il Cuore di Gesù è il simbolo per eccellenza della misericordia di Dio; ma non è un simbolo immaginario, è un simbolo reale, che rappresenta il centro, la fonte da cui è sgorgata la salvezza per l'umanità intera.

9 giugno 2013, Angelus

91. Accendere ciascuno la propria luce

Se in uno stadio, pensiamo qui a Roma all'Olimpico, o a quello di San Lorenzo a Buenos Aires, in una notte buia, una persona accende una luce, si intravvede appena, ma se gli oltre settantamila spettatori accendono ciascuno la propria luce, lo stadio si illumina. Facciamo che la nostra vita sia una luce di Cristo; insieme porteremo la luce del Vangelo all'intera realtà.

12 giugno 2013, udienza generale

92. L'egoismo semina morte

Quando l'uomo vuole affermare se stesso, chiudendosi nel proprio egoismo e mettendosi al posto di Dio, finisce per seminare morte.

16 giugno 2013, omelia

93. Realismo e fecondità

Il cristiano è un uomo spirituale, e questo non significa che sia una persona che vive "nelle nuvole", fuori della realtà, come se fosse un fantasma. No! Il cristiano è una persona che pensa e agisce nella vita quotidiana secondo Dio, una persona che lascia che la sua vita sia animata, nutrita dallo Spirito Santo perché sia piena, da veri figli. E questo significa realismo e fecondità. Chi si lascia condurre dallo Spirito Santo è realista, sa misurare e valutare la realtà, ed è anche fecondo: la sua vita genera vita attorno a sé.

16 giugno 2013, omelia

94. Il martirio quotidiano

Pensiamo: quanti papà e mamme ogni giorno mettono in pratica la loro fede offrendo concretamente la propria vita per il bene della famiglia! Pensiamo a questi! Quanti sacerdoti, frati, suore svolgono con generosità il loro servizio per il Regno di Dio! Quanti giovani rinunciano ai propri interessi per dedicarsi ai bambini, ai disabili, agli anziani... Anche questi sono martiri! Martiri quotidiani, martiri della quotidianità!

23 giugno 2013, Angelus

95. Non abbiate paura di andare controcorrente

A voi giovani dico: non abbiate paura di andare controcorrente, quando ci vogliono rubare la speranza, quando ci propongono questi valori che sono avariati, valori come il pasto andato a male e quando un pasto è andato a male, ci fa male; questi valori ci fanno male. Dobbiamo andare controcorrente! E voi giovani, siate i primi: andate controcorrente e abbiate questa fierezza di andare proprio controcorrente. Avanti, siate coraggiosi e andate controcorrente! E siate fieri di farlo!

23 giugno 2013, Angelus

96. Nessuno è il più importante nella Chiesa

Nessuno è il più importante nella Chiesa, tutti siamo uguali agli occhi di Dio. Qualcuno di voi potrebbe dire: «Senta signor Papa, Lei non è uguale a noi». Sì, sono come ognuno di voi, tutti siamo uguali, siamo fratelli! Nessuno è anonimo: tutti formiamo e costruiamo la Chiesa. Questo ci invita anche a riflettere sul fatto che se manca il mattone della nostra vita cristiana, manca qualcosa alla bellezza della Chiesa. Alcuni dicono: «Io con la Chiesa non c'entro», ma così salta il mattone di una vita in questo bel Tempio. Nessuno può andarsene, tutti dobbiamo portare alla Chiesa la nostra vita, il nostro cuore, il nostro amore, il nostro pensiero, il nostro lavoro: tutti insieme.

26 giugno 2013, udienza generale

97. Pietra d'inciampo

Quando lasciamo prevalere i nostri pensieri, i nostri sentimenti, la logica del potere umano e non ci lasciamo istruire e guidare dalla fede, da Dio, diventiamo pietra d'inciampo.

29 giugno 2013, omelia

98. Fede e verità

L'uomo ha bisogno di conoscenza, ha bisogno di verità, perché senza di essa non si sostiene, non va avanti. La fede, senza verità, non salva, non rende sicuri i nostri passi. Resta una bella fiaba, la proiezione dei nostri desideri di felicità, qualcosa che ci accontenta solo nella misura in cui vogliamo illuderci. Oppure si riduce a un bel sentimento, che consola e riscalda, ma resta soggetto al mutarsi del nostro animo, alla variabilità dei tempi, incapace di sorreggere un cammino costante nella vita.

29 giugno 2013, Enciclica Lumen Fidei

99. I cristiani "telecomandati"

Gesù vuole noi cristiani liberi come Lui, con quella libertà che viene da questo dialogo con il Padre, da questo dialogo con Dio. Gesù non vuole né cristiani egoisti, che seguono il proprio io, non parlano con Dio; né cristiani deboli, cristiani, che non hanno volontà, cristiani "telecomandati", incapaci di creatività, che cercano sempre di collegarsi con la volontà di un altro e non sono liberi. Gesù ci vuole liberi e questa libertà dove si fa? Si fa nel dialogo con Dio nella propria coscienza. Se un cristiano non sa parlare con Dio, non sa sentire Dio nella propria coscienza, non è libero, non è libero.

30 giugno 2013, Angelus

100. La coscienza

[Coscienza] non significa seguire il proprio io, fare quello che mi interessa, che mi conviene, che mi piace... Non è questo! La coscienza è lo spazio interiore dell'ascolto della verità, del bene, dell'ascolto di Dio; è il luogo interiore della mia relazione con Lui, che parla al mio cuore e mi aiuta a discernere, a comprendere la strada che devo percorrere, e una volta presa la decisione, ad andare avanti, a rimanere fedele.

30 giugno 2013, Angelus

101. I cristiani part time

La vita cristiana non è un collage di cose. È una totalità armoniosa, opera dello Spirito Santo. Rinnova tutto. Rinnova il nostro cuore, la nostra vita e ci fa vivere in uno stile diverso.

[...] Non si può essere cristiani a pezzi, part time. Essere cristiani part time non va bene», [bisogna esserlo] nella totalità e a tempo pieno.

6 luglio 2013, meditazione mattutina

102. La tenerezza di Dio

Quando la mamma prende il bambino sulle ginocchia e la accarezza; così il Signore farà con noi e fa con noi. Questa è la cascata di tenerezza che ci dà tanta consolazione. «Come una madre consola un figlio, così io vi consolerò» (v. 13). Ogni cristiano e soprattutto noi, siamo chiamati a portare questo messaggio di speranza che dona serenità e gioia: la consolazione di Dio, la sua tenerezza verso tutti.

7 luglio 2013, omelia

103. La missione non deve diventare mestiere

Siate sempre uomini e donne di preghiera. Senza il rapporto costante con Dio la missione diventa mestiere. Ma da che lavori tu? Da sarto, da cuoca, da prete, lavori da prete, lavori da suora? No. Non è un mestiere, è un'altra cosa. Il rischio dell'attivismo, di confidare troppo nelle strutture, è sempre in agguato. Se guardiamo a Gesù, vediamo che alla vigilia di ogni decisione o avvenimento importante, si raccoglieva in preghiera intensa e prolungata. Coltiviamo la dimensione contemplativa, anche nel vortice degli impegni più urgenti e pesanti. E più la missione vi chiama ad andare verso le periferie esistenziali, più il vostro cuore sia unito a quello di Cristo, pieno di misericordia e di amore. Qui sta il segreto della fecondità pastorale, della fecondità di un discepolo del Signore!

7 luglio 2013, omelia

104. Non c'è tempo da perdere in chiacchiere

Gesù non vuole agire da solo, è venuto a portare nel mondo l'amore di Dio e vuole diffonderlo con lo stile della comunione, con lo stile della fraternità. Per questo forma subito una comunità di discepoli, che è una comunità missionaria. Subito li allena alla missione, ad andare.

Ma attenzione: lo scopo non è socializzare, passare il tempo insieme, no, lo scopo è annunciare il Regno di Dio, e questo è urgente! E anche oggi è urgente! Non c'è tempo da perdere in chiacchiere, non bisogna aspettare il consenso di tutti, bisogna andare e annunciare.

7 luglio 2013, Angelus

105. Non vivere per se stessi

Che bello è questo! Non vivere per se stesso, non vivere per se stessa, ma vivere per andare a fare il bene! Ci sono tanti giovani oggi in piazza: pensate a questo, domandatevi: Gesù mi chiama a andare, a uscire da me per fare il bene? A voi, giovani, a voi ragazzi e ragazze vi domando: voi, siete coraggiosi per questo, avete il coraggio di sentire la voce di Gesù? È bello essere missionari!... Ah, siete bravi! Mi piace questo!

7 luglio 2013, Angelus

106. Tutti devono essere missionari

Possiamo pensare agli altri ministeri nella Chiesa, ai catechisti, ai fedeli laici che si impegnano nelle missioni parrocchiali, a chi lavora con gli ammalati, con le diverse forme di disagio e di emarginazione; ma sempre come missionari del Vangelo, con l'urgenza del Regno che è vicino. Tutti devono essere missionari, tutti possono sentire quella chiamata di Gesù e andare avanti e annunciare il Regno!

7 luglio 2013, Angelus

107. Che la tragedia di Lampedusa non si ripeta

Immigrati morti in mare, da quelle barche che invece di essere una via di speranza sono state una via di morte. Così il titolo dei giornali. Quando alcune settimane fa ho appreso questa notizia, che purtroppo tante volte si è ripetuta, il pensiero vi è tornato continuamente come una spina nel cuore che porta sofferenza.

E allora ho sentito che dovevo venire qui oggi a pregare, a compiere un gesto di vicinanza, ma anche a risvegliare le nostre coscienze perché ciò che è accaduto non si ripeta. Non si ripeta per favore.

8 luglio 2013, omelia

108. Un pensiero agli immigrati musulmani

Un pensiero lo rivolgo ai cari immigrati musulmani che oggi, alla sera, stanno iniziando il digiuno di Ramadan, con l'augurio di abbondanti frutti spirituali. La Chiesa vi è vicina nella ricerca di una vita più dignitosa per voi e le vostre famiglie. A voi: o'scià!

8 luglio 2013, omelia

109. La solidarietà degli abitanti di Lampedusa

Quei nostri fratelli e sorelle cercavano di uscire da situazioni difficili per trovare un po' di serenità e di pace; cercavano un posto migliore per sé e per le loro famiglie, ma hanno trovato la morte. Quante volte coloro che cercano questo non trovano comprensione, non trovano accoglienza, non trovano solidarietà! E le loro voci salgono fino a Dio! E una volta ancora ringrazio voi abitanti di Lampedusa per la solidarietà. Ho sentito, recentemente, uno di questi fratelli. Prima di arrivare qui sono passati per le mani dei trafficanti, coloro che sfruttano la povertà degli altri, queste persone per le quali la povertà degli altri è una fonte di guadagno. Quanto hanno sofferto! E alcuni non sono riusciti ad arrivare.

8 luglio 2013, omelia

110. La globalizzazione dell'indifferenza

La cultura del benessere, che ci porta a pensare a noi stessi, ci rende insensibili alle grida degli altri, ci fa vivere in bolle di sapone, che sono belle, ma non sono nulla, sono l'illusione del futile, del provvisorio, che porta all'indifferenza verso gli altri, anzi porta alla globalizzazione dell'indifferenza.

8 luglio 2013, omelia

111. Perdono per chi si è chiuso nel proprio benessere

Signore, in questa liturgia, che è una liturgia di penitenza, chiediamo perdono per l'indifferenza verso tanti fratelli e sorelle, ti chiediamo Padre perdono per chi si è accomodato e si è chiuso nel proprio benessere che porta all'anestesia del cuore, ti chiediamo perdono per coloro che con le loro decisioni a livello mondiale hanno creato situazioni che conducono a questi drammi. Perdono Signore!

8 luglio 2013, omelia

112. Contemplazione e servizio concreto

Una preghiera che non porta all'azione concreta verso il fratello povero, malato, bisognoso di aiuto, il fratello in difficoltà, è una preghiera sterile e incompleta. Ma, allo stesso modo, quando nel servizio ecclesiale si è attenti solo al fare, si dà più peso alle cose, alle funzioni, alle strutture, e ci si dimentica della centralità di Cristo, non si riserva tempo per il dialogo con Lui nella preghiera, si rischia di servire se stessi e non Dio presente nel fratello bisognoso. San Benedetto riassumeva lo stile di vita che indicava ai suoi monaci in due parole: *ora et labora*, prega e opera. È dalla contemplazione, da un forte rapporto di amicizia con il Signore che nasce in noi la capacità di vivere e di portare l'amore di Dio, la sua misericordia, la sua tenerezza verso gli altri. E anche il nostro lavoro con il fratello bisognoso, il nostro lavoro di carità nelle opere di misericordia, ci porta al Signore, perché noi vediamo proprio il Signore nel fratello e nella sorella bisognosi.

21 luglio 2013, Angelus

113. Non perdiamo la speranza

Davanti allo scoraggiamento che potrebbe esserci nella vita, in chi lavora all'evangelizzazione oppure in chi si sforza di vivere la fede come padre e madre di famiglia, vorrei dire con forza: abbiate sempre nel cuore questa certezza: Dio cammina accanto a voi, in nessun momento vi abbandona! Non perdiamo mai la speranza! Non spegniamola mai nel nostro cuore! Il "drago", il male, c'è nella nostra storia, ma non è lui il più forte. Il più forte è Dio, e Dio è la nostra speranza!

24 luglio 2013, omelia

114. Lasciarsi sorprendere da Dio

Chi è uomo, donna di speranza – la grande speranza che ci dà la fede – sa che, anche in mezzo alle difficoltà, Dio agisce e ci sorprende. La storia di questo santuario ne è un esempio. Tre pescatori, dopo una giornata a vuoto, senza riuscire a prendere pesci, nelle acque del Rio Parnaíba, trovano qualcosa di inaspettato: un'immagine di Nostra Signora della Concezione. Chi avrebbe mai immaginato che il luogo di una pesca infruttuosa sarebbe diventato il luogo in cui tutti i brasiliani possono sentirsi figli di una stessa Madre? Dio sempre stupisce, come il vino nuovo nel Vangelo che abbiamo ascoltato. Dio riserva sempre il meglio per noi. Ma chiede che noi ci lasciamo sorprendere dal suo amore, che accogliamo le sue sorprese. Fidiamoci di Dio! Lontano da Lui il vino della gioia, il vino della speranza, si esaurisce. Se ci avviciniamo a

Lui, se rimaniamo con Lui, ciò che sembra acqua fredda, ciò che è difficoltà, ciò che è peccato, si trasforma in vino nuovo di amicizia con Lui.

24 luglio 2013, omelia

115. Il cristiano non può essere pessimista

Il cristiano non può essere pessimista! Non ha la faccia di chi sembra trovarsi in un lutto perpetuo. Se siamo davvero innamorati di Cristo e sentiamo quanto ci ama, il nostro cuore si "infiammerà" di una gioia tale che contagerà quanti vivono vicini a noi.

24 luglio 2013, omelia

116. Atto di consacrazione a Nostra Signora di Aparecida

Maria Santissima per i meriti di Nostro Signore Gesù Cristo, nella vostra amata immagine di Aparecida, diffondete innumerevoli benefici su tutto il Brasile.

Io, per quanto indegno di fare parte del numero dei vostri figli e figlie, ma colmo del desiderio di partecipare dei benefici della vostra misericordia, prostrato ai vostri piedi, vi consacro il mio intendimento, perché possa sempre pensare all'amore che meritate; vi consacro la mia lingua perché sempre vi possa lodare e diffondere la vostra devozione; vi consacro il mio cuore, perché, dopo Dio, io vi ami sopra ogni cosa.

Ricevetemi, Regina incomparabile, voi che il Cristo crocifisso ci ha dato per Madre, nel numero benedetto dei vostri figli e figlie; accoglietemi sotto la vostra protezione; soccorretemi in tutte le mie necessità, spirituali e temporali, soprattutto nell'ora della mia morte.

Beneditemi, celestiale cooperatrice, e per mezzo della vostra potente intercessione, rafforzatemi nella mia debolezza, affinché, servendovi fedelmente in questa vita, possa lodarvi, amarvi e rendervi grazie nei cieli, per tutta l'eternità. Così sia!

24 luglio 2013

117. Anziani e giovani: poli della vita e promesse dei popoli

Questa civiltà mondiale è andata oltre i limiti, è andata oltre i limiti perché ha creato un tale culto del dio denaro, che siamo in presenza di una filosofia e di una prassi di esclusione dei due poli della vita che sono le promesse dei popoli. Esclusione degli anziani, ovviamente. Uno potrebbe pensare che ci sia una specie di eutanasia nascosta, cioè non ci si prende cura degli anziani; ma c'è anche un'eutanasia culturale, perché non li si lascia parlare, non li si lascia agire. E l'esclusione dei giovani. La percentuale che abbiamo di giovani senza lavoro, senza impiego, è molto alta e abbiamo una generazione che non ha esperienza della dignità guadagnata con il lavoro. Questa civiltà, cioè, ci ha portato a escludere i due vertici che sono il nostro futuro. Allora i giovani: devono emergere, devono farsi valere; i giovani devono uscire per lottare per i valori, lottare per questi valori; e gli anziani devono aprire la bocca, gli anziani devono aprire la bocca e insegnarci! Trasmetteteci la saggezza dei popoli!

25 luglio 2013, discorso in occasione dell'incontro con i giovani argentini

118. Non "frullate" la fede

Per favore, non "frullate" la fede in Gesù Cristo. C'è il frullato di arancia, c'è il frullato di mela, c'è il frullato di banana, ma per favore non bevete "frullato" di fede. La fede è intera, non si frulla. È la fede in Gesù.

25 luglio 2013, discorso in occasione dell'incontro con i giovani argentini

119. Preghiera

Signore, Tu hai lasciato in mezzo a noi tua Madre perché ci accompagnasse.

Che abbia cura di noi e ci protegga nel nostro cammino, nel nostro cuore, nella nostra fede.

Che ci faccia discepoli come Lei lo è stata, e missionari come anche Lei lo è stata.

Che ci insegni a uscire per le strade.

Che ci insegni a uscire da noi stessi.

Benediciamo questa immagine, Signore, che percorrerà il Paese.

Che Lei, con la sua mansuetudine, con la sua pace, ci indichi il cammino.

Signore. Tu sei uno scandalo. Tu sei uno scandalo: lo scandalo della Croce. Una Croce che è umiltà, mansuetudine; una Croce che ci parla della vicinanza di Dio. Benediciamo anche questa immagine della Croce che percorrerà il Paese.

Molte grazie, ci vediamo in questi giorni. Che Dio vi benedica. Pregate per me. Non dimenticatelo!

25 luglio 2013, discorso in occasione dell'incontro con i giovani argentini

120. Come vasi di creta

E per tutti noi, consacrati, religiosi, sacerdoti, Vescovi, questo è un denominatore comune: abbiamo ricevuto un regalo e tutti siamo vasi di creta. Il problema è come portare avanti questa tensione: sempre perde l'equilibrio. Lungo la storia della Chiesa appaiono uomini e donne che ricevono il dono, sanno che sono di creta, ma nell'arco della vita si entusiasmano in modo tale che si dimenticano di essere di creta o si dimenticano che il dono è un dono grande. Allora questa tensione perde l'equilibrio che ci fa tanto bene. [...] La tentazione sta nel truccare il vaso di creta: dipingerlo, abbellirlo. Quindi noi cominciamo a ingannare noi stessi e a credere che non siamo più di creta.

26 luglio 2013, Messa mattutina durante il viaggio apostolico a Rio de Janeiro

121. La saggezza dei nonni: invecchiare con sapienza

Oggi in Brasile si celebra la festa dei nonni. I nonni hanno questo: quando vedono il nipote scommettono sulla vita e sul futuro e desiderano la cosa migliore per lui. Oggi ci farà bene pensare ai nostri nonni. [...] I nonni in un Paese sono quelli che devono trasmettere la sapienza, no? E la lasciano come eredità. [Che il Signore] a noi doni la grazia di invecchiare con sapienza; di invecchiare con dignità, per poter essere nonni "materiali" o i consacrati spirituali. [...] Possiamo essere come il buon vino. Possiamo invecchiare con sapienza, per poter trasmettere sapienza.

26 luglio 2013, omelia durante il viaggio apostolico a Rio de Janeiro

122. Rimanere con Cristo non vuol dire isolarsi

Il "rimanere" con Cristo non significa isolarsi, ma è un rimanere per andare all'incontro con gli altri.

27 luglio 2013, omelia

123. Aiutiamo i giovani

Aiutiamo i giovani. Abbiamo l'orecchio attento per ascoltare le loro illusioni – hanno bisogno di essere ascoltati –, per ascoltare i loro successi, per ascoltare le loro difficoltà. Bisogna mettersi seduti, ascoltando forse lo stesso libretto, ma con una musica diversa, con identità differenti. La pazienza di ascoltare! Questo ve lo chiedo con tutto il cuore! Nel confessionale, nella direzione spirituale, nell'accompagnamento. Sappiamo perdere tempo con loro. Seminare costa e affatica, affatica moltissimo! Ed è molto più gratificante godere del raccolto! Che furbizia! Tutti godiamo di più con il raccolto! Però Gesù ci chiede che seminiamo con serietà.

27 luglio 2013, omelia

124. Paura di fare stupidaggini? Gli Apostoli le hanno fatte prima di noi

Non possiamo restare chiusi nella parrocchia, nelle nostre comunità, nella nostra istituzione parrocchiale o nella nostra istituzione diocesana, quando tante persone sono in attesa del Vangelo! Uscire inviati. Non è semplicemente aprire la porta perché vengano, per accogliere, ma è uscire dalla porta per cercare e incontrare! Spingiamo i giovani affinché escano. Certo che faranno stupidaggini. Non abbiamo paura! Gli Apostoli le hanno fatte prima di noi. Spingiamoli ad uscire. Pensiamo con decisione alla pastorale partendo dalla periferia, partendo da coloro che sono più lontani, da coloro che di solito non frequentano la parrocchia. Loro sono gli invitati VIP. Andare a cercarli nei crocevia delle strade.

27 luglio 2013, omelia

125. Contro la cultura dell'esclusione

In molti ambienti, e in generale in questo umanesimo economicista che ci è stato imposto nel mondo, si è fatta strada una cultura dell'esclusione, una "cultura dello scarto". Non c'è posto né per l'anziano né per il figlio non voluto; non c'è tempo per fermarsi con quel povero nella strada. A volte sembra che per alcuni i rapporti umani siano regolati da due "dogmi" moderni: efficienza e pragmatismo. Cari Vescovi, sacerdoti, religiosi e anche voi seminaristi che vi preparate al ministero, abbiate il coraggio di andare controcorrente a questa cultura. Avere il coraggio!

27 luglio 2013, omelia

126. La fede è una fiamma

La fede è una fiamma che si fa sempre più viva quanto più si condivide, si trasmette, perché tutti possano conoscere, amare e professare Gesù Cristo che è il Signore della vita e della storia (cfr. *Rm* 10,9).

28 luglio 2013, omelia

127. Gesù non ci tratta da schiavi

Condividere l'esperienza della fede, testimoniare la fede, annunciare il Vangelo è il mandato che il Signore affida a tutta la Chiesa, anche a te; è un comando, che, però, non nasce dalla volontà di dominio, dalla volontà di potere, ma dalla forza dell'amore, dal fatto che Gesù per primo è venuto in mezzo a noi e non ci ha dato qualcosa di Sé, ma ci ha dato tutto Se stesso, Egli ha dato la sua vita per salvarci e mostrarci l'amore e la misericordia di Dio. Gesù non ci tratta da schiavi, ma da persone libere, da amici, da fratelli; e non solo ci invia, ma ci accompagna, è sempre accanto a noi in questa missione d'amore.

28 luglio 2013, omelia

128. Il Vangelo è per tutti

Dove ci invia Gesù? Non ci sono confini, non ci sono limiti: ci invia a tutti. Il Vangelo è per tutti e non per alcuni. Non è solo per quelli che ci sembrano più vicini, più ricettivi, più accoglienti. È per tutti. Non abbiate paura di andare e portare Cristo in ogni ambiente, fino alle periferie esistenziali, anche a chi sembra più lontano, più indifferente. Il Signore cerca tutti, vuole che tutti sentano il calore della sua misericordia e del suo amore.

28 luglio 2013, omelia

129. Annunciare il Vangelo senza paura

Qualcuno potrebbe pensare: "Non ho nessuna preparazione speciale, come posso andare e annunciare il Vangelo?". Caro amico, la tua paura non è molto diversa da quella di Geremia, abbiamo appena ascoltato nelle lettura, quando è stato chiamato da Dio a essere profeta. «Ahimè, Signore Dio! Ecco, io non so parlare, perché sono giovane». Dio dice anche a voi quello che ha detto a Geremia: «Non avere paura [...], perché io sono con te per proteggerti» (*Ger* 1,7-8). Lui è con noi!

28 luglio 2013, omelia

130. Contiamo su di voi, giovani!

Portare il Vangelo è portare la forza di Dio per sradicare e demolire il male e la violenza; per distruggere e abbattere le barriere dell'egoismo, dell'intolleranza e dell'odio; per edificare un mondo nuovo. Cari giovani: Gesù Cristo conta su di voi! La Chiesa conta su di voi! Il Papa conta su di voi! Maria, Madre di Gesù e Madre nostra, vi accompagni sempre con la sua tenerezza: «Andate e fate discepoli tutti i popoli».

28 luglio 2013, omelia

131. Non fuochi d'artificio

Domenica scorsa mi trovavo a Rio de Janeiro. Si concludeva la Santa Messa e la Giornata Mondiale della Gioventù. Penso che dobbiamo tutti insieme ringraziare il Signore per il grande dono che è stato questo avvenimento, per il Brasile, per l'America Latina e per il mondo intero. È stato una nuova tappa nel pellegrinaggio dei giovani attraverso i continenti con la Croce di Cristo. Non dobbiamo mai dimenticare che le Giornate Mondiali della Gioventù non sono "fuochi d'artificio", momenti di entusiasmo fini a se stessi; sono tappe di un lungo cammino, iniziato nel 1985, per iniziativa del Papa Giovanni Paolo II. Egli affidò ai giovani la Croce e disse:«Andate, e io verrò con voi!». E così è stato.

4 agosto 2013, Angelus

132. Il veleno del vuoto

L'incontro con Gesù vivo, nella sua grande famiglia che è la Chiesa, riempie il cuore di gioia, perché lo riempie di vita vera, di un bene profondo, che non passa e non marcisce: lo abbiamo visto sui volti dei ragazzi a Rio. Ma questa esperienza deve affrontare la vanità quotidiana, quel veleno del vuoto che si insinua nelle nostre società basate sul profitto e sull'avere, che illudono i giovani con il consumismo. Il Vangelo di questa domenica ci richiama proprio l'assurdità di basare la propria felicità sull'avere. Il ricco dice a se stesso: «Anima mia, hai a disposizione molti beni... riposati, mangia, bevi e divertiti!». Ma Dio gli dice: «Stolto, questa notte stessa ti sarà richiesta la tua vita. E quello che hai accumulato, di chi sarà?» (cfr. *Lc* 12,19-20).

4 agosto 2013, Angelus

133. Dov'è il vostro tesoro, là sarà anche il vostro cuore

Il cristiano è uno che porta dentro di sé un desiderio grande, un desiderio profondo: quello di incontrarsi con il suo Signore insieme ai fratelli, ai compagni di strada. E tutto questo che Gesù ci dice si riassume in un famoso detto di Gesù: «Dov'è il vostro tesoro, là sarà anche il vostro cuore» (*Lc* 12,34).

11 agosto 2013, Angelus

134. Un cuore anestetizzato non desidera

Tutti voi avete un cuore desideroso, un cuore che desidera? Pensate e rispondete in silenzio e nel cuore vostro: tu, hai un cuore che desidera, o hai un cuore chiuso, un cuore addormentato, un cuore anestetizzato per le cose della vita?

11 agosto 2013, Angelus

135. La forza dell'amore

Qualcuno può dirmi: «Padre, ma io sono uno che lavora, che ha famiglia, per me la realtà più importante è mandare avanti la mia famiglia, il lavoro...». Certo, è vero, è importante. Ma qual è la forza che tiene unita la famiglia? È proprio l'amore, e chi semina l'amore nel nostro cuore è Dio, l'amore di Dio, è proprio l'amore di Dio che dà senso ai piccoli impegni quotidiani e anche aiuta ad affrontare le grandi prove. Questo è il vero tesoro dell'uomo. Andare avanti nella vita con amore, con quell'amore che il Signore ha seminato nel cuore, con l'amore di Dio. E questo è il vero tesoro.

11 agosto 2013, Angelus

136. Ai fratelli musulmani

Vorrei rivolgere un saluto ai musulmani del mondo intero, nostri fratelli, che da poco hanno celebrato la conclusione del mese di Ramadan, dedicato in modo particolare al digiuno, alla preghiera e all'elemosina. Come ho scritto nel mio Messaggio per questa circostanza, auguro che cristiani e musulmani si impegnino per promuovere il reciproco rispetto, specialmente attraverso l'educazione delle nuove generazioni.

*11 agosto 2013, dopo l'*Angelus

137. La Madre di Cristo è sempre con noi

In questa lotta che i discepoli di Gesù devono affrontare – noi tutti, noi, tutti i discepoli di Gesù dobbiamo affrontare questa lotta – Maria non li lascia soli; la Madre di Cristo e della

Chiesa è sempre con noi. Sempre, cammina con noi, è con noi. Anche Maria, in un certo senso, condivide questa duplice condizione. Lei, naturalmente, è ormai una volta per sempre entrata nella gloria del Cielo. Ma questo non significa che sia lontana, che sia staccata da noi; anzi, Maria ci accompagna, lotta con noi, sostiene i cristiani nel combattimento contro le forze del male.

15 agosto 2013, omelia

138. Il martirio di Maria

Anche Maria ha conosciuto il martirio della Croce: il martirio del suo cuore, il martirio dell'anima. Lei ha sofferto tanto, nel suo cuore, mentre Gesù soffriva sulla Croce. La Passione del Figlio l'ha vissuta fino in fondo nell'anima. È stata pienamente unita a Lui nella morte, e per questo le è stato dato il dono della risurrezione.

15 agosto 2013, omelia

139. La fede non è decorativa

La fede non è una cosa decorativa, ornamentale; vivere la fede non è decorare la vita con un po' di religione, come se fosse una torta e la si decorasse con la panna. No, la fede non è questo. La fede comporta scegliere Dio come criterio-base della vita, e Dio non è vuoto, Dio non è neutro, Dio è sempre positivo, Dio è amore, e l'amore è positivo! Dopo che Gesù è venuto nel mondo non si può fare come se Dio non lo conoscessimo. Come se fosse una cosa astratta, vuota, di referenza puramente nominale; no, Dio ha un volto concreto, ha un nome: Dio è misericordia, Dio è fedeltà, è vita che si dona a tutti noi.

18 agosto 2013, Angelus

140. Gesù come segno di contraddizione

Seguire Gesù comporta rinunciare al male, all'egoismo e scegliere il bene, la verità, la giustizia, anche quando ciò richiede sacrificio e rinuncia ai propri interessi. E questo sì, divide; lo sappiamo, divide anche i legami più stretti. Ma attenzione: non è Gesù che divide! Lui pone il criterio: vivere per se stessi, o vivere per Dio e per gli altri; farsi servire, o servire; obbedire al proprio io, o obbedire a Dio. Ecco in che senso Gesù è «segno di contraddizione» (*Lc* 2,34).

18 agosto 2013, Angelus

141. La forza del cristiano

La vera forza del cristiano è la forza della verità e dell'amore, che comporta rinunciare ad ogni violenza. Fede e violenza sono incompatibili! Fede e violenza sono incompatibili! Invece fede e fortezza vanno insieme. Il cristiano non è violento, ma è forte. E con che fortezza? Quella della mitezza, la forza della mitezza, la forza dell'amore.

18 agosto 2013, Angelus

142. Diamoci del tu

Credi che gli Apostoli dessero del lei a Gesù? O lo chiamassero sua eccellenza? Erano amici come lo siamo adesso io e te, e io agli amici sono abituato a dare del tu.

18 agosto 2013, telefonata allo studente Stefano Cabizza

143. Gesù preferisce il peccatore

L'immagine della porta ritorna varie volte nel Vangelo e richiama quella della casa, del focolare domestico, dove troviamo sicurezza, amore, calore. Gesù ci dice che c'è una porta che ci fa entrare nella famiglia di Dio, nel calore della casa di Dio, della comunione con Lui. Questa porta è Gesù stesso (cfr. *Gv* 10,9). Lui è la porta. Lui è il passaggio per la salvezza. Lui ci conduce al Padre. E la porta che è Gesù non è mai chiusa, questa porta non è mai chiusa, è aperta sempre e a tutti, senza distinzione, senza esclusioni, senza privilegi. Perché, sapete, Gesù non esclude nessuno. Qualcuno di voi forse potrà dirmi: «Ma, Padre, sicuramente io sono escluso, perché sono un gran peccatore: ho fatto cose brutte, ne ho fatte tante, nella vita». No, non sei escluso! Precisamente per questo sei il preferito, perché Gesù preferisce il peccatore, sempre, per perdonarlo, per amarlo. Gesù ti sta aspettando per abbracciarti, per perdonarti. Non avere paura: Lui ti aspetta. Animati, fatti coraggio per entrare per la sua porta. Tutti sono invitati a varcare questa porta, a varcare la porta della fede, a entrare nella sua vita, e a farlo entrare nella nostra vita, perché Lui la trasformi, la rinnovi, le doni gioia piena e duratura.

25 agosto 2013, Angelus

144. Gesù illumina la vita

Gesù illumina la nostra vita con una luce che non si spegne più. Non è un fuoco d'artificio, non è un flash! No, è una luce tranquilla che dura sempre e ci dà pace. Così è la luce che incontriamo se entriamo per la porta di Gesù.

25 agosto 2013, Angelus

145. Tenere sempre accesa la luce della speranza

Con grande sofferenza e preoccupazione continuo a seguire la situazione in Siria. L'aumento della violenza in una guerra tra fratelli, con il moltiplicarsi di stragi e atti atroci, che tutti abbiamo potuto vedere anche nelle terribili immagini di questi giorni, mi spinge ancora una volta a levare alta la voce perché si fermi il rumore delle armi. Non è lo scontro che offre prospettive di speranza per risolvere i problemi, ma è la capacità di incontro e di dialogo.

Dal profondo del mio cuore, vorrei manifestare la mia vicinanza con la preghiera e la solidarietà a tutte le vittime di questo conflitto, a tutti coloro che soffrono, specialmente i bambini, e invitare a tenere sempre accesa la speranza di pace.

25 agosto 2013, Angelus

146. Continuare a cercare la verità

Agostino non si chiude in se stesso, non si adagia, continua a cercare la verità, il senso della vita, continua a cercare il volto di Dio. Certo commette errori, prende anche vie sbagliate, pecca, è un peccatore; ma non perde l'inquietudine della ricerca spirituale. E in questo modo scopre che Dio lo aspettava, anzi, che non aveva mai smesso di cercarlo per primo.

28 agosto 2013, omelia

147. Non privatizzare l'amore

Il tesoro di Agostino è proprio questo atteggiamento: uscire sempre verso Dio, uscire sempre verso il gregge... È un uomo in tensione, tra queste due uscite; non "privatizzare" l'amore... sempre in cammino! [...] Sempre inquieto! E questa è la pace dell'inquietudine.

28 agosto 2013, omelia

148. L'inquietudine dell'amore

E veniamo all'ultima inquietudine, l'inquietudine dell'amore. Qui non posso non guardare alla mamma: questa Monica! Quante lacrime ha versato quella santa donna per la conversione del figlio! E quante mamme anche oggi versano lacrime perché i propri figli tornino a Cristo! Non perdete la speranza nella grazia di Dio! [...] Lo stesso Agostino, dopo la conversione, rivolgendosi a Dio, scrive: «per amore mio piangeva innanzi a te mia madre, tutta fedele, versando più lacrime di quante ne versino mai le madri alla morte fisica dei figli» (*Confessioni*, III, 11, 19). Donna inquieta, questa donna, che, alla fine, dice quella bella parola: *cumulatius hoc mihi Deus praestitit*! [il mio Dio mi ha soddisfatta ampiamente] (Ivi, IX, 10, 26). Quello per cui lei piangeva, Dio glielo aveva dato abbondantemente! E Agostino è erede di Monica, da lei riceve il seme dell'inquietudine. Ecco, allora, l'inquietudine dell'amore: cercare sempre, senza sosta, il bene dell'altro, della persona amata, con quella intensità che porta anche alle lacrime.

28 agosto 2013, omelia

149. I consacrati "zitelloni"

A volte si può vivere in un condominio senza conoscere chi ci vive accanto; oppure si può essere in comunità, senza conoscere veramente il proprio confratello: con dolore penso ai consacrati che non sono fecondi, che sono "zitelloni". L'inquietudine dell'amore spinge sempre ad andare incontro all'altro, senza aspettare che sia l'altro a manifestare il suo bisogno.

28 agosto 2013, omelia

150. La luce di Gesù non dà spettacolo

La luce che ci offre il mondo è una luce artificiale. Forse forte, più forte di quella di Gesù, eh? Forte come un fuoco di artificio, come un flash della fotografia. Invece la luce di Gesù è una luce mite, è una luce tranquilla, è una luce di pace. È come la luce della notte di Natale: senza pretese. È così: si offre e dà pace. La luce di Gesù non fa spettacolo; è una luce che viene nel cuore. È vero che il diavolo, e questo lo dice san Paolo, tante volte viene travestito da angelo di luce. A lui piace imitare la luce di Gesù. Si fa buono e ci parla così, tranquillamente, come ha parlato a Gesù dopo il digiuno nel deserto: «Se tu sei il figlio di Dio fa' questo miracolo, buttati giù dal tempio», fa' lo spettacolo!

3 settembre 2013, meditazione mattutina

151. La vita cristiana è una festa

Se non c'è vino non c'è festa... Immaginiamo finire quelle nozze, bevendo il tè o il succo: non va... è festa e la Madonna chiede il miracolo. E così è la vita cristiana. La vita cristiana ha questo atteggiamento gioioso, gioioso di cuore. [...] Ci sono davvero momenti di Croce, momenti di dolore, ma sempre c'è quella pace profonda della gioia, perché la vita cristiana si vive come festa, come le nozze di Gesù con la Chiesa.

6 settembre 2013, meditazione mattutina

152. L'armonia della creazione

Questo nostro mondo nel cuore e nella mente di Dio è la "casa dell'armonia e della pace" ed è il luogo in cui tutti possono trovare il proprio posto e sentirsi "a casa", perché è "cosa buona". Tutto il creato forma un insieme armonioso, buono, ma soprattutto gli umani, fatti a immagine e somiglianza di Dio, sono un'unica famiglia, in cui le relazioni sono segnate da una fraternità reale non solo proclamata a parole: l'altro e l'altra sono il fratello e la sorella da amare, e la relazione con Dio, che è amore, fedeltà, bontà, si riflette su tutte le relazioni tra gli esseri umani e porta armonia all'intera creazione.

7 settembre 2013, omelia

153. L'orizzonte della bellezza

Domandiamoci adesso: è questo il mondo in cui viviamo? Il creato conserva la sua bellezza che ci riempie di stupore, rimane un'opera buona. Ma ci sono anche "la violenza, la divisione, lo scontro, la guerra". Questo avviene quando l'uomo, vertice della creazione, lascia di guardare l'orizzonte della bellezza e della bontà e si chiude nel proprio egoismo.

7 settembre 2013, omelia

154. I danni dell'egoismo

Quando l'uomo pensa solo a se stesso, ai propri interessi e si pone al centro, quando si lascia affascinare dagli idoli del dominio e del potere, quando si mette al posto di Dio, allora guasta tutte le relazioni, rovina tutto; e apre la porta alla violenza, all'indifferenza, al conflitto.

7 settembre 2013, omelia

155. Essere umani significa essere custodi gli uni degli altri

Essere persona umana significa essere custodi gli uni degli altri! E invece, quando si rompe l'armonia, succede una metamorfosi: il fratello da custodire e da amare diventa l'avversario da combattere, da sopprimere.

7 settembre 2013, omelia

156. Il linguaggio della morte

Come se fosse una cosa normale, continuiamo a seminare distruzione, dolore, morte! La violenza, la guerra portano solo morte, parlano di morte! La violenza e la guerra hanno il linguaggio della morte!

7 settembre 2013, omelia

157. La guerra non può mai essere la via della pace

Nel silenzio della Croce tace il fragore delle armi e parla il linguaggio della riconciliazione, del perdono, del dialogo, della pace. Vorrei chiedere al Signore, questa sera, che noi cristiani e i fratelli delle altre religioni, ogni uomo e donna di buona volontà gridasse con forza: la violenza e la guerra non sono mai la via della pace!

7 settembre 2013, omelia

158. La logica dell'amore

Il discepolo di Gesù rinuncia a tutti i beni perché ha trovato in Lui il bene più grande, nel quale ogni altro bene riceve il suo pieno valore e significato: i legami familiari, le altre relazioni, il lavoro, i beni culturali ed economici e così via... Il cristiano si distacca da tutto e ritrova tutto nella logica del Vangelo, la logica dell'amore e del servizio.

8 settembre 2013, Angelus

159. L'impegno continua

L'impegno continua: andiamo avanti con la preghiera e con opere di pace! Vi invito a continuare a pregare perché cessi subito la violenza e la devastazione in Siria e si lavori con rinnovato impegno per una giusta soluzione al conflitto fratricida. Preghiamo anche per gli altri Paesi del Medio Oriente, particolarmente per il Libano, perché trovi la desiderata stabilità e continui ad essere modello di convivenza; per l'Iraq, perché la violenza settaria lasci il passo alla riconciliazione; e per il processo di pace tra israeliani e palestinesi, perché progredisca con decisione e coraggio. E preghiamo per l'Egitto, affinché tutti gli egiziani, musulmani e cristiani, si impegnino a costruire insieme la società per il bene dell'intera popolazione. La ricerca della pace è lunga, e richiede pazienza e perseveranza! Andiamo avanti con la preghiera!

*8 settembre 2013, dopo l'*Angelus

160. Non restò a pettinare pecore

Che il "Cura Brochero" sia finalmente tra i beati è una gioia e una benedizione molto grande per gli argentini e i devoti di questo pastore che odorava di pecora, che si fece povero tra i poveri, che lottò sempre per stare vicino a Dio e alla gente, che fece e continua a fare tanto bene come carezza di Dio al nostro popolo sofferente.

Mi piace immaginare oggi Brochero parroco sulla sua mula dalla frangetta bianca (*malacara*), mentre percorreva i lunghi sentieri aridi e desolati dei duecento chilometri quadrati della sua parrocchia, cercando casa per casa i vostri bisnonni e trisnonni, per chiedere loro se avevano bisogno di qualcosa e per invitarli a fare gli esercizi spirituali di sant'Ignazio di Loyola. Conobbe ogni angolo della sua parrocchia. Non rimase in sacrestia a pettinare pecore.

14 settembre 2013, lettera al presidente della Conferenza Episcopale Argentina in occasione della beatificazione di padre José Gabriel Brochero

161. La gioia di Dio è perdonare

La gioia di Dio è perdonare, la gioia di Dio è perdonare! È la gioia di un pastore che ritrova la sua pecorella; la gioia di una donna che ritrova la sua moneta; è la gioia di un padre che riaccoglie a casa il figlio che si era perduto, era come morto ed è tornato in vita, è tornato a casa. Qui c'è tutto il Vangelo! Qui! Qui c'è tutto il Vangelo, c'è tutto il Cristianesimo! Ma guardate che non è sentimento, non è "buonismo"! Al contrario, la misericordia è la vera forza che può salvare l'uomo e il mondo dal "cancro" che è il peccato, il male morale, il male spirituale. Solo l'amore riempie i vuoti, le voragini negative che il male apre nel cuore e nella storia. Solo l'amore può fare questo, e questa è la gioia di Dio!

15 settembre 2013, Angelus

162. È l'amore che salva

Noi presumiamo di essere giusti, e giudichiamo gli altri. Giudichiamo anche Dio, perché pensiamo che dovrebbe castigare i peccatori, condannarli a morte, invece di perdonare. Allora sì che rischiamo di rimanere fuori dalla casa del Padre! Come quel fratello maggiore della parabola, che invece di essere contento perché suo fratello è tornato, si arrabbia con il padre che lo ha accolto e fa festa. Se nel nostro cuore non c'è la misericordia, la gioia del perdono, non siamo in comunione con Dio, anche se osserviamo tutti i precetti, perché è l'amore che salva, non la sola pratica dei precetti. È l'amore per Dio e per il prossimo che dà compimento a tutti i comandamenti. E questo è l'amore di Dio, la sua gioia: perdonare. Ci aspetta sempre! Forse qualcuno nel suo cuore ha qualcosa di pesante: «Ma, ho fatto questo, ho fatto quello...». Lui ti aspetta! Lui è padre: sempre ci aspetta!

15 settembre 2013, Angelus

163. La giustizia di Dio

Solo la giustizia di Dio ci può salvare! E la giustizia di Dio si è rivelata nella Croce: la Croce è il giudizio di Dio su tutti noi e su questo mondo. Ma come ci giudica Dio? Dando la vita per noi! Ecco l'atto supremo di giustizia che ha sconfitto una volta per tutte il Principe di questo mondo; e questo atto supremo di giustizia è proprio anche l'atto supremo di misericordia. Gesù ci chiama tutti a seguire questa strada: «Siate misericordiosi, come il Padre vostro è misericordioso» (*Lc* 6,36). Io vi chiedo una cosa, adesso. In silenzio, tutti, pensiamo... ognuno pensi a una persona con la quale non stiamo bene, con la quale ci siamo arrabbiati, alla quale non vogliamo bene. Pensiamo a quella persona e in silenzio, in questo momento, preghiamo per questa persona e diventiamo misericordiosi con questa persona.

15 settembre 2013, Angelus

164. Amore e umiltà

Queste sono le due virtù di un governante, così come ci fa pensare la Parola di Dio: amore per il popolo e umiltà.

16 settembre 2013, meditazione mattutina

165. Preghiamo per i governanti

Preghiamo per i governanti perché ci governino bene. Perché portino la nostra patria, la nostra nazione avanti, e anche il mondo; e ci sia la pace e il bene comune.

16 settembre 2013, meditazione mattutina

166. L'università delle mamme

Una mamma sa che cosa è importante perché un figlio cammini bene nella vita, e non l'ha imparato dai libri, ma l'ha imparato dal proprio cuore. L'università delle mamme è il loro cuore! Lì imparano come portare avanti i propri figli.

18 settembre 2013, udienza generale

167. Lo sguardo di Cristo cambia la vita

Lo sguardo di Gesù ci alza sempre. Uno sguardo che ci porta su, mai ti lascia lì, eh? Mai. Mai ti abbassa, mai ti umilia. Ti invita ad alzarti. Uno sguardo che ti porta a crescere, ad andare avanti, che ti incoraggia, perché ti vuole bene. Ti fa sentire che Lui ti vuole bene. Lo sguardo di Gesù non è qualcosa di magico: Gesù non era uno specialista in ipnosi. Gesù guardava ognuno, e ognuno si sentiva guardato da Lui, come se Gesù dicesse il nome... E questo sguardo cambiava la vita, a tutti.

21 settembre 2013, meditazione mattutina

168. Vi sono vicino!

Sono venuto *per condividere* con voi gioie e speranze, fatiche e impegni, ideali e aspirazioni della vostra isola, *e per confermarvi nella fede*. Anche qui a Cagliari, come in tutta la Sardegna, non mancano difficoltà [...]. È necessaria la collaborazione leale di tutti, con l'impegno dei responsabili delle istituzioni – anche la Chiesa – per assicurare alle persone e alle famiglie i diritti fondamentali, e far crescere una società più fraterna e solidale. Assicurare il diritto al lavoro, il diritto a portare pane a casa, pane guadagnato col lavoro! Vi sono vicino! Vi sono vicino, vi ricordo nella preghiera, e vi incoraggio a perseverare nella testimonianza dei valori umani e cristiani così profondamente radicati nella fede e nella storia di questo territorio e della popolazione.

22 settembre 2013, omelia

169. Lo sguardo materno di Maria

Con quello sguardo oggi Maria ci guarda. Abbiamo bisogno del suo sguardo di tenerezza, del suo sguardo materno che ci conosce meglio che chiunque altro, del suo sguardo pieno di compassione e di cura. Maria, oggi vogliamo dirti: Madre, donaci il tuo sguardo! Il tuo sguardo ci porta a Dio, il tuo sguardo è un dono del Padre buono, che ci attende ad ogni svolta del nostro cammino, è un dono di Gesù Cristo in Croce, che carica su di sé le nostre sofferenze, le nostre fatiche, il nostro peccato. E per incontrare questo Padre pieno di amore, oggi le diciamo: Madre, donaci il tuo sguardo! Lo diciamo tutti insieme: «Madre, donaci il tuo sguardo!». «Madre, donaci il tuo sguardo!».

22 settembre 2013, omelia

170. Non si può conoscere Gesù in prima classe

Non si può conoscere Gesù senza avere problemi. E io oserò dire: «Ma se tu vuoi avere un problema, vai per la strada di conoscere Gesù. Non uno, tanti ne avrai!». Ma è la strada per conoscere Gesù! Non si può conoscere Gesù in prima classe! Gesù si conosce nell'andare quotidiano di tutti i giorni. Non si può conoscere Gesù nella tranquillità, neppure nella biblioteca…

26 settembre 2013, meditazione mattutina

171. Il rischio di adagiarsi

Il rischio di adagiarsi, della comodità, della mondanità nella vita e nel cuore, di avere come centro il nostro benessere. È la stessa esperienza del ricco del Vangelo, che indossava vestiti di lusso e ogni giorno si dava ad abbondanti banchetti; questo era importante per lui. E il povero che era alla sua porta e non aveva di che sfamarsi? Non era affare suo, non lo riguardava. Se le cose, il denaro, la mondanità diventano centro della vita ci afferrano, ci possiedono e noi perdiamo la nostra stessa identità di uomini: guardate bene, il ricco del Vangelo non ha nome, è semplicemente "un ricco". Le cose, ciò che possiede sono il suo volto, non ne ha altri.

29 settembre 2013, omelia

172. Chi corre dietro al nulla diventa lui stesso nullità

Se manca la memoria di Dio, tutto si appiattisce, tutto va sull'io, sul mio benessere. La vita, il mondo, gli altri, perdono la consistenza, non contano più nulla, tutto si riduce a una sola dimensione: l'avere. Se perdiamo la memoria di Dio, anche noi stessi perdiamo consistenza, anche noi ci svuotiamo, perdiamo il nostro volto come il ricco del Vangelo! Chi corre dietro al nulla diventa lui stesso nullità, dice un altro grande profeta, Geremia (cfr. *Ger* 2,5). Noi siamo fatti a immagine e somiglianza di Dio, non a immagine e somiglianza delle cose, degli idoli!

29 settembre 2013, omelia

173. Uomini e donne della memoria di Dio

Il cristiano è uomo della memoria di Dio se ha un costante, vitale rapporto con Lui e con il prossimo; se è uomo di fede, che si fida veramente di Dio e pone in Lui la sua sicurezza; se è uomo di carità, di amore, che vede tutti come fratelli; se è uomo di "*hypomoné*", di pazienza, di perseveranza, che sa affrontare le difficoltà, le prove, gli insuccessi, con serenità e speranza nel Signore; se è uomo mite, capace di comprensione e di misericordia.

29 settembre 2013, omelia

174. La Chiesa dei peccatori

In che senso la Chiesa è santa se vediamo che la Chiesa storica, nel suo cammino lungo i secoli, ha avuto tante difficoltà, problemi, momenti bui? Come può essere santa una Chiesa fatta di esseri umani, di peccatori? Uomini peccatori, donne peccatrici, sacerdoti peccatori, suore peccatrici, Vescovi peccatori, Cardinali peccatori, Papa peccatore? Tutti. Come può essere santa una Chiesa così?

2 ottobre 2013, udienza generale

175. Il segreto del matrimonio

Sempre, ai novelli sposi, io do questo consiglio: «Litigate quanto volete. Se volano i piatti, lasciateli. Ma mai finire la giornata senza fare la pace! Mai!».

4 ottobre 2013, visita pastorale ad Assisi

176. Imitare Cristo

Oggi anch'io, come tanti pellegrini, sono venuto per rendere lode al Padre di tutto ciò che ha voluto rivelare a uno di questi "piccoli" di cui ci parla il Vangelo: Francesco, figlio di un ricco commerciante di Assisi. L'incontro con Gesù lo portò a spogliarsi di una vita agiata e spensierata, per sposare "Madonna Povertà" e vivere da vero figlio del Padre che è nei cieli. Questa scelta, da parte di san Francesco, rappresentava un modo radicale di imitare Cristo, di rivestirsi di Colui che, da ricco che era, si è fatto povero per arricchire noi per mezzo della sua povertà (cfr. *2 Cor* 8,9). In tutta la vita di Francesco l'amore per i poveri e l'imitazione di Cristo povero sono due elementi uniti in modo inscindibile, le due facce di una stessa medaglia.

4 ottobre 2013, omelia

177. Chi segue Cristo riceve la vera pace

San Francesco viene associato da molti alla pace, ed è giusto, ma pochi vanno in profondità. Qual è la pace che Francesco ha accolto e vissuto e ci trasmette? Quella di Cristo, passata attraverso l'amore più grande, quello della Croce. È la pace che Gesù risorto donò ai discepoli quando apparve in mezzo a loro (cfr. *Gv* 20,19-20).

4 ottobre 2013, omelia

178. Strumenti della pace

La pace francescana non è un sentimento sdolcinato. Per favore: questo san Francesco non esiste! E neppure è una specie di armonia panteistica con le energie del cosmo... Anche questo non è francescano! Anche questo non è francescano, ma è un'idea che alcuni hanno costruito! La pace di san Francesco è quella di Cristo, e la trova chi "prende su di sé" il suo "giogo", cioè il suo comandamento: «Amatevi gli uni gli altri come io vi ho amato» (cfr. *Gv* 13,34; 15,12). E questo giogo non si può portare con arroganza, con presunzione, con superbia, ma solo si può portare con mitezza e umiltà di cuore.

Ci rivolgiamo a te, Francesco, e ti chiediamo: insegnaci ad

essere "strumenti della pace", della pace che ha la sua sorgente in Dio, la pace che ci ha portato il Signore Gesù.

4 ottobre 2013, omelia

179. Rispettiamo la creazione

Da questa Città della Pace, ripeto con la forza e la mitezza dell'amore: rispettiamo la creazione, non siamo strumenti di distruzione! Rispettiamo ogni essere umano: cessino i conflitti armati che insanguinano la terra, tacciano le armi e dovunque l'odio ceda il posto all'amore, l'offesa al perdono e la discordia all'unione. Sentiamo il grido di coloro che piangono, soffrono e muoiono a causa della violenza, del terrorismo o della guerra, in Terra Santa, tanto amata da san Francesco, in Siria, nell'intero Medio Oriente, in tutto il mondo.

4 ottobre 2013, omelia

180. Una fede forte e umile

«Se aveste fede quanto un granello di senape, potreste dire a questo gelso: "Sradicati e vai a piantarti nel mare", ed esso vi obbedirebbe» (v. 6). Il seme della senape è piccolissimo, però Gesù dice che basta avere una fede così, piccola, ma vera, sincera, per fare cose umanamente impossibili, impensabili. Ed è vero! Tutti conosciamo persone semplici, umili, ma con una fede fortissima, che davvero spostano le montagne! Pensiamo, per esempio, a certe mamme e papà che affrontano situazioni molto pesanti; o a certi malati, anche gravissimi, che trasmettono serenità a chi li va a trovare. Queste persone, proprio per la loro fede, non si vantano di ciò che fanno, anzi, come chiede Gesù nel Vangelo, dicono: «Siamo servi inutili. Abbiamo fatto quanto dovevamo fare» (*Lc* 17,10). Quanta gente tra noi ha questa fede forte, umile, e che fa tanto bene!

6 ottobre 2013, Angelus

181. La preghiera del cuore

Il primo compito nella vita è questo: la preghiera. Ma non la preghiera delle parole come i pappagalli, ma la preghiera del cuore.

8 ottobre 2013, meditazione mattutina

182. Il coraggio della preghiera

Quando noi preghiamo coraggiosamente, il Signore non solo ci dà la grazia, ma ci dà anche se stesso nella grazia. Perché il Signore mai dà o invia una grazia per posta: la porta Lui, è Lui la grazia!

10 ottobre 2013, meditazione mattutina

183. Dio ci sorprende

Dio ci sorprende; è proprio nella povertà, nella debolezza, nell'umiltà che si manifesta e ci dona il suo amore che ci salva, ci guarisce, ci dà forza. Chiede solo che seguiamo la sua parola e ci fidiamo di Lui.

13 ottobre 2013, omelia

184. I cristiani "a singhiozzo"

Sono un cristiano "a singhiozzo", o sono un cristiano sempre? La cultura del provvisorio, del relativo entra anche nel vivere la fede. Dio ci chiede di essergli fedeli, ogni giorno, nelle azioni quotidiane e aggiunge che, anche se a volte non gli siamo fedeli, Lui è sempre fedele e con la sua misericordia non si stanca di tenderci la mano per risollevarci, di incoraggiarci a riprendere il cammino, di ritornare a Lui e dirgli la nostra debolezza perché ci doni la sua forza.

13 ottobre 2013, omelia

185. L'importanza di un "grazie"

Dire "grazie" è così facile, eppure così difficile! Quante volte ci diciamo "grazie" in famiglia? È una delle parole chiave della convivenza. "Permesso", "scusa", "grazie": se in una famiglia si dicono queste tre parole, la famiglia va avanti. "Permesso", "scusami", "grazie". Quante volte diciamo "grazie" in famiglia? Quante volte diciamo "grazie" a chi ci aiuta, ci è vicino, ci accompagna nella vita? Spesso diamo tutto per scontato! E questo avviene anche con Dio. È facile andare dal Signore a chiedere qualcosa, ma andare a ringraziarlo: «Mah, non mi viene».

13 ottobre 2013, omelia

186. Atto di affidamento a Maria

Beata Maria Vergine di Fatima,
con rinnovata gratitudine per la tua presenza materna
uniamo la nostra voce a quella di tutte le generazioni
che ti dicono beata.

Celebriamo in te le grandi opere di Dio,
che mai si stanca di chinarsi con misericordia sull'umanità,
afflitta dal male e ferita dal peccato,
per guarirla e per salvarla.

Accogli con benevolenza di Madre
l'atto di affidamento che oggi facciamo con fiducia,
dinanzi a questa tua immagine a noi tanto cara.

Siamo certi che ognuno di noi è prezioso ai tuoi occhi
e che nulla ti è estraneo di tutto ciò che abita nei nostri cuori.

Ci lasciamo raggiungere dal tuo dolcissimo sguardo
e riceviamo la consolante carezza del tuo sorriso.

Custodisci la nostra vita fra le tue braccia:
benedici e rafforza ogni desiderio di bene;
ravviva e alimenta la fede;
sostieni e illumina la speranza;
suscita e anima la carità;
guida tutti noi nel cammino della santità.

Insegnaci il tuo stesso amore di predilezione
per i piccoli e i poveri,
per gli esclusi e i sofferenti,
per i peccatori e gli smarriti di cuore:
raduna tutti sotto la tua protezione
e tutti consegna al tuo diletto Figlio, il Signore nostro Gesù.
Amen.

13 ottobre 2013

187. La santità di tintoria

La sindrome di Giona colpisce quelli che non hanno lo zelo per la conversione della gente, cercano una santità – mi permetto la parola – una santità di tintoria, cioè tutta bella, tutta ben fatta ma senza lo zelo che ci porta a predicare il Signore.

14 ottobre 2013, meditazione mattutina

188. Gridare giorno e notte

Nel Vangelo di oggi Gesù racconta una parabola sulla necessità di pregare sempre, senza stancarsi. La protagonista è una vedova che, a forza di supplicare un giudice disonesto, riesce a farsi fare giustizia da lui. E Gesù conclude: se la vedova è riuscita a convincere quel giudice, volete che Dio non ascolti noi, se lo preghiamo con insistenza? L'espressione di Gesù è molto forte: «E Dio non farà forse giustizia ai suoi eletti, che gridano giorno e notte verso di lui?» (*Lc* 18,7). [...]

Impariamo dunque dalla vedova del Vangelo a pregare sempre, senza stancarci. Era brava questa vedova! Sapeva lottare per i suoi figli! E penso a tante donne che lottano per la loro famiglia, che pregano, che non si affaticano mai. Un ricordo oggi, tutti noi, a queste donne che col loro atteggiamento ci danno una vera testimonianza di fede, di coraggio, un modello di preghiera.

20 ottobre 2013, Angelus

189. Il Signore è al nostro fianco

Nel nostro cammino quotidiano, specialmente nelle difficoltà, nella lotta contro il male fuori e dentro di noi, il Signore non è lontano, è al nostro fianco; noi lottiamo con Lui accanto, e la nostra arma è proprio la preghiera, che ci fa sentire la sua presenza accanto a noi, la sua misericordia, anche il suo aiuto.

20 ottobre 2013, Angelus

190. L'attaccamento ai soldi distrugge

Quando una persona è attaccata ai soldi, distrugge se stessa, distrugge la famiglia! I soldi distruggono! Fanno questo, no? Ti attaccano. I soldi servono per portare avanti tante cose buone, tanti lavori per sviluppare l'umanità, ma quando il tuo cuore è attaccato così, ti distrugge.

È quello che fa male: la cupidigia nel mio rapporto con i soldi. Avere di più, avere di più, avere di più... Ti porta all'idolatria, ti distrugge il rapporto con gli altri! Non i soldi, ma l'atteggiamento, che si chiama cupidigia.

21 ottobre 2013, meditazione mattutina

191. Dio ci salva con tenerezza

A me l'immagine che viene in mente è quella dell'infermiere o dell'infermiera, che in un ospedale guarisce le ferite una a una, ma con le sue mani. Dio si immischia nelle nostre miserie, si avvicina alle nostre piaghe e le guarisce con le sue mani; e per avere mani si è fatto uomo. È un lavoro di Gesù, personale: un uomo ha commesso il peccato, un uomo viene a guarirlo. Dio non ci salva soltanto mediante un decreto, con una legge; ci salva con tenerezza, ci salva con carezze, ci salva con la sua vita per noi.

22 ottobre 2013, meditazione mattutina

192. Pregare con semplicità

Per pregare in famiglia, ci vuole semplicità! Pregare insieme il Padre nostro, intorno alla tavola, non è una cosa straordinaria: è facile. E pregare insieme il Rosario, in famiglia, è molto bello, dà tanta forza! E anche pregare l'uno per l'altro: il marito per la moglie, la moglie per il marito, ambedue per i figli, i figli per i genitori, per i nonni… Pregare l'uno per l'altro. Questo è pregare in famiglia, e questo fa forte la famiglia: la preghiera.

27 ottobre 2013, omelia

193. Custodiamo la fede come un conto in banca?

In che modo noi, in famiglia, custodiamo la nostra fede? La teniamo per noi, nella nostra famiglia, come un bene privato, come un conto in banca, o sappiamo condividerla con la testimonianza, con l'accoglienza, con l'apertura agli altri? Tutti sappiamo che le famiglie, specialmente quelle giovani, sono spesso "di corsa", molto affaccendate; ma qualche volta ci pensate che questa "corsa" può essere anche la corsa della fede? Le famiglie cristiane sono famiglie missionarie. Ma, ieri abbiamo sentito, qui in piazza, la testimonianza di famiglie missionarie. Sono missionarie anche nella vita di ogni giorno, facendo le cose di tutti i giorni, mettendo in tutto il sale e il lievito della fede! Conservare la fede in famiglia e mettere il sale e il lievito della fede nelle cose di tutti i giorni.

27 ottobre 2013, omelia

194. La gioia profonda deriva da Dio

Care famiglie, voi lo sapete bene: la gioia vera che si gusta nella famiglia non è qualcosa di superficiale, non viene dalle cose, dalle circostanze favorevoli... La gioia vera viene da un'armonia profonda tra le persone, che tutti sentono nel cuore, e che ci fa sentire la bellezza di essere insieme, di sostenerci a vicenda nel cammino della vita. Ma alla base di questo sentimento di gioia profonda c'è la presenza di Dio.

27 ottobre 2013, omelia

195. Preghiera del Papa alla Santa Famiglia

Gesù, Maria e Giuseppe
a voi, Santa Famiglia di Nazareth,
oggi, volgiamo lo sguardo

con ammirazione e confidenza;
in voi contempliamo
la bellezza della comunione nell'amore vero;
a voi raccomandiamo tutte le nostre famiglie,
perché si rinnovino in esse le meraviglie della grazia.

Santa Famiglia di Nazareth,
scuola attraente del santo Vangelo:
insegnaci a imitare le tue virtù
con una saggia disciplina spirituale,
donaci lo sguardo limpido
che sa riconoscere l'opera della Provvidenza
nelle realtà quotidiane della vita.

Santa Famiglia di Nazareth,
custode fedele del mistero della salvezza:
fa' rinascere in noi la stima del silenzio,
rendi le nostre famiglie cenacoli di preghiera
e trasformale in piccole Chiese domestiche,
rinnova il desiderio della santità,
sostieni la nobile fatica del lavoro, dell'educazione,
dell'ascolto, della reciproca comprensione e del perdono.

Santa Famiglia di Nazareth,
ridesta nella nostra società la consapevolezza
del carattere sacro e inviolabile della famiglia,
bene inestimabile e insostituibile.
Ogni famiglia sia dimora accogliente di bontà e di pace
per i bambini e per gli anziani,

per chi è malato e solo,
per chi è povero e bisognoso.

Gesù, Maria e Giuseppe
voi con fiducia preghiamo, a voi con gioia ci affidiamo.

27 ottobre 2013

196. Le insicurezze della fede

Chi di noi tutti non ha sperimentato insicurezze, smarrimenti e perfino dubbi nel cammino della fede? Tutti abbiamo sperimentato questo, anch'io: fa parte del cammino della fede, fa parte della nostra vita. Tutto ciò non deve stupirci, perché siamo esseri umani, segnati da fragilità e limiti; tutti siamo fragili, tutti abbiamo limiti. Tuttavia, in questi momenti difficoltosi è necessario confidare nell'aiuto di Dio, mediante la preghiera filiale, e, al tempo stesso, è importante trovare il coraggio e l'umiltà di aprirsi agli altri, per chiedere aiuto, per chiedere di darci una mano. Quante volte abbiamo fatto questo e poi siamo riusciti a venirne fuori dal problema e trovare Dio un'altra volta! In questa comunione – comunione vuol dire comune-unione – siamo una grande famiglia, dove tutti i componenti si aiutano e si sostengono fra loro.

30 ottobre 2013, udienza generale

197. Una speranza che non delude

Questa è la nostra speranza: la speranza del sangue di Cristo! Una speranza che non delude. Se camminiamo nella vita con il Signore, Lui non delude mai!

1° novembre 2013, omelia

198. La speranza è come il lievito

La speranza è un po' come il lievito, che ti fa allargare l'anima; ci sono momenti difficili nella vita, ma con la speranza l'anima va avanti e guarda a ciò che ci aspetta. Oggi è un giorno di speranza. I nostri fratelli e sorelle sono alla presenza di Dio e anche noi saremo lì, per pura grazia del Signore, se cammineremo sulla strada di Gesù. Conclude l'Apostolo Giovanni: «Chiunque ha questa speranza in lui, purifica se stesso» (v. 3). Anche la speranza ci purifica, ci alleggerisce; questa purificazione nella speranza in Gesù Cristo ci fa andare in fretta, prontamente.

1° novembre 2013, omelia

199. I santi non sono superuomini

I santi non sono superuomini, né sono nati perfetti. Sono come noi, come ognuno di noi, sono persone che prima di raggiungere la gloria del Cielo hanno vissuto una vita normale, con gioie e dolori, fatiche e speranze. Ma cosa ha cambiato la loro vita? Quando hanno conosciuto l'amore di Dio, lo hanno seguito con tutto il cuore, senza condizioni e ipocrisie; hanno speso la loro vita al servizio degli altri, hanno sopportato sofferenze e avversità senza odiare e rispondendo al male con il bene, diffondendo gioia e pace.

1° novembre 2013, Angelus

200. La santità è per tutti

Essere santi non è un privilegio di pochi, come se qualcuno avesse avuto una grossa eredità; tutti noi nel Battesimo abbiamo l'eredità di poter diventare santi. La santità è una vocazione per tutti. Tutti perciò siamo chiamati a camminare sulla via della santità, e questa via ha un nome, un volto: il volto di Gesù Cristo. Lui ci insegna a diventare santi.

1° novembre 2013, Angelus

201. I martiri della violenza e della fame

In particolare, pregherò per le vittime della violenza, specialmente per i cristiani che hanno perso la vita a causa delle persecuzioni. Pregherò anche in modo speciale per quanti, fratelli e sorelle nostri, uomini, donne e bambini sono morti assaliti dalla sete, dalla fame e dalla fatica nel tragitto per raggiungere una condizione di vita migliore. In questi giorni abbiamo visto nei giornali quell'immagine crudele del deserto: facciamo tutti, in silenzio, una preghiera per questi fratelli e sorelle nostre.

*1° novembre 2013, dopo l'*Angelus

202. Gesù è la salvezza

E Gesù va nella casa di Zaccheo, suscitando le critiche di tutta la gente di Gerico (perché anche a quel tempo si chiacchierava tanto!), che diceva: «Ma come? Con tutte le brave persone che ci sono in città, va a stare proprio da quel pubblicano?». Sì, perché lui era perduto; e Gesù dice: «Oggi per questa casa è venuta la salvezza, perché anch'egli è figlio di Abramo» (*Lc* 19,9). In casa di Zaccheo, da quel giorno, entrò la gioia, entrò la pace, entrò la salvezza, entrò Gesù.

3 novembre 2013, Angelus

203. Dio ricorda

Non c'è professione o condizione sociale, non c'è peccato o crimine di alcun genere che possa cancellare dalla memoria e dal cuore di Dio uno solo dei suoi figli. "Dio ricorda", sempre, non dimentica nessuno di quelli che ha creato; Lui è Padre, sempre in attesa vigile e amorevole di veder rinascere nel cuore del figlio il desiderio del ritorno a casa. [...]

E io dico a te: se tu hai un peso sulla tua coscienza, se tu hai vergogna di tante cose che hai commesso, fermati un po', non spaventarti. Pensa che qualcuno ti aspetta perché mai ha smesso di ricordarti; e questo qualcuno è tuo Padre, è Dio che ti aspetta! Arrampicati, come ha fatto Zaccheo, sali sull'albero della voglia di essere perdonato; io ti assicuro che non sarai deluso. Gesù è misericordioso e mai si stanca di perdonare! Ricordatelo bene, così è Gesù.

3 novembre 2013, Angelus

204. Un'unione che perdura anche dopo la morte

Solo il peccato dell'uomo può interrompere questo legame; ma anche in questo caso Dio lo cercherà sempre, lo rincorrerà per ristabilire con lui un'unione che perdura anche dopo la morte, anzi, un'unione che nell'incontro finale con il Padre raggiunge il suo culmine. Questa certezza conferisce un senso nuovo e pieno alla vita terrena e ci apre alla speranza per la vita oltre la morte.

4 novembre 2013, omelia

205. Mani "piagate" d'amore

Anche i peccati, i nostri peccati sono nelle mani di Dio; quelle mani sono misericordiose, mani "piagate" d'amore. Non per caso Gesù ha voluto conservare le piaghe nelle sue mani per farci sentire la sua misericordia. E questa è la nostra forza, la nostra speranza.

4 novembre 2013, omelia

206. Un invito gratuito da Dio

L'esistenza cristiana è un invito: diventiamo cristiani soltanto se siamo invitati. Si tratta di un invito gratuito – e il mittente è Dio. Ma la gratuità implica anche delle conseguenze, la prima delle quali è che se non si è stati invitati, non si può reagire semplicisticamente rispondendo: «Comprerò l'entrata per andare!». Infatti non si può! Per entrare non si può pagare: o sei invitato o non puoi entrare. E se nella nostra coscienza non abbiamo questa certezza di essere invitati, non abbiamo capito cosa è un cristiano. Siamo invitati gratuitamente, per la pura grazia di Dio, puro amore del Padre. È stato Gesù, con il suo sangue, che ci ha aperto questa possibilità.

5 novembre 2013, meditazione mattutina

207. Dio non smette di cercare coloro che si sono perduti

Lui non tollera perdere uno dei suoi. [...] È un Dio che cammina per cercarci e ha una certa debolezza d'amore per quelli che si sono più allontanati, che si sono perduti... Va e li cerca. E come cerca? Cerca sino alla fine, come questo pastore che va nel buio, cercando [...]; o come la donna, che quando perde quella moneta accende la lampada, spazza la casa e cerca accuratamente. Così cerca Dio. "Ma questo figlio non lo perdo, è mio! E non voglio perderlo". Questo è nostro Padre: sempre ci cerca.

7 novembre 2013, meditazione mattutina

208. Chi pratica le tangenti dà ai figli pane sporco

L'abitudine delle tangenti è un'abitudine mondana e fortemente peccatrice. Dio ci ha comandato: portare il pane a casa con il nostro lavoro onesto. Invece questo amministratore dava da mangiare ai suoi figli pane sporco. E i suoi figli, forse educati in collegi costosi, forse cresciuti in ambienti colti, avevano ricevuto dal loro papà come pasto sporcizia. Perché il loro papà portando pane sporco a casa aveva perso la dignità. E questo è un peccato grave, perché s'incomincia forse con una piccola bustarella, ma è come la droga. [Bisogna] pregare perché il Signore cambi il cuore di questi devoti della dea tangente, che si accorgano che la dignità viene dal lavoro degno, dal lavoro onesto, dal lavoro di ogni giorno e non da queste strade più facili che alla fine ti tolgono tutto.

8 novembre 2013, meditazione mattutina

209. Ebrei fratelli maggiori

Ricorre oggi il settantacinquesimo anniversario della cosiddetta "Notte dei cristalli": le violenze della notte tra il 9 e il 10 novembre 1938 contro gli ebrei, le sinagoghe, le abitazioni, i negozi segnarono un triste passo verso la tragedia della Shoah. Rinnoviamo la nostra vicinanza e solidarietà al popolo ebraico, i nostri fratelli più grandi, maggiori. E preghiamo Dio affinché la memoria del passato, la memoria dei peccati passati ci aiuti ad essere sempre vigilanti contro ogni forma di odio e di intolleranza.

*10 novembre 2013, dopo l'*Angelus

210. In vicinanza al mondo agricolo

In questa domenica, in Italia, si celebra la Giornata del Ringraziamento. Unisco la mia voce a quella dei Vescovi esprimendo la mia vicinanza al mondo agricolo, specialmente ai giovani che hanno scelto di lavorare la terra. Incoraggio quanti si impegnano perché a nessuno manchi un'alimentazione sana e adeguata.

*10 novembre 2013, dopo l'*Angelus

211. Nelle mani di Dio

Le anime dei giusti sono nelle mani di Dio. Pensiamo alle mani di Dio che ci ha creato come a quelle di un artigiano. Ci ha dato la salute eterna. Sono mani piagate. Ci accompagnano nella strada della vita. Affidiamoci alle mani di Dio come un bambino si affida alle mani del suo papà.

12 novembre 2013, meditazione mattutina

212. Più servire che dominare

Episcopato è il nome di un servizio, non di un onore. Al Vescovo compete più il servire che il dominare, secondo il comandamento del Maestro: «Chi è il più grande tra voi, diventi come il più piccolo. E chi governa, come colui che serve».

15 novembre 2013, ordinazione episcopale

213. I falsi salvatori

Anche oggi ci sono falsi "salvatori", che tentano di sostituirsi a Gesù: *leader* di questo mondo, santoni, anche stregoni, personaggi che vogliono attirare a sé le menti e i cuori, specialmente dei giovani. Gesù ci mette in guardia: «Non andate dietro a loro!». "Non andate dietro a loro!".

17 novembre 2013, Angelus

214. Il Signore ci aiuta a non avere paura

Il Signore ci aiuta anche a non avere paura: di fronte alle guerre, alle rivoluzioni, ma anche alle calamità naturali, alle epidemie, Gesù ci libera dal fatalismo e da false visioni apocalittiche.

17 novembre 2013, Angelus

215. Per le vittime della strada

Oggi ricorre la «Giornata delle vittime della strada». Assicuro la mia preghiera e incoraggio a proseguire nell'impegno della prevenzione, perché la prudenza e il rispetto delle norme sono la prima forma di tutela di sé e degli altri.

*17 novembre 2013, dopo l'*Angelus

216. Una medicina chiamata Misericordina

Adesso vorrei consigliarvi una medicina. Ma qualcuno pensa: "Il Papa fa il farmacista adesso?". È una medicina speciale per concretizzare i frutti dell'Anno della Fede, che volge al termine. Ma è una medicina di 59 granelli intracordiali. Si tratta di una "medicina spirituale" chiamata *Misericordina.* Una scatolina di 59 granelli intracordiali. In questa scatoletta è contenuta la medicina e alcuni volontari la distribuiranno a voi mentre lasciate la piazza. Prendetela! C'è una corona del Rosario, con la quale si può pregare anche la "coroncina della Misericordia", aiuto spirituale per la nostra anima e per diffondere ovunque l'amore, il perdono e la fraternità. Non dimenticatevi di prenderla, perché fa bene. Fa bene al cuore, all'anima e a tutta la vita!

*17 novembre 2013, dopo l'*Angelus

217. I nonni sono un tesoro

Noi viviamo in un tempo nel quale gli anziani non contano. È brutto dirlo, ma si scartano perché danno fastidio. Eppure gli anziani sono quelli che ci portano la storia, la dottrina, la fede e ce le lasciano in eredità. Sono come il buon vino invecchiato, hanno cioè dentro la forza per darci quella eredità nobile. [...] Io ricordo che da bambini ci raccontavano questa storia. C'era una famiglia, un papà, una mamma e tanti bambini. E c'era anche un nonno che viveva con loro. Ma era invecchiato e a tavola, quando mangiava la zuppa, si sporcava tutto: la bocca, il tovagliolo... non faceva una bella figura! Un giorno il papà ha detto che, visto cosa capitava al nonno, dal giorno successivo avrebbe mangiato da solo. E comprò un tavolino, lo mise in cucina; così il nonno mangiava da solo in cucina e la famiglia nella sala da pranzo. Dopo alcuni giorni il papà torna a casa e trova uno dei suoi figli a giocare con il legno. Gli chiese: «Cosa fai?» «Sto giocando a fare il falegname», rispose il bambino. «E cosa costruisci?» «Un tavolino per te papà, per quando diventi vecchio come il nonno». Questa storia mi ha fatto tanto bene per tutta la vita. I nonni sono un tesoro.

19 novembre 2013, meditazione mattutina

218. Anche il Papa si confessa perché è un peccatore

Il sacerdote strumento per il perdono dei peccati. Il perdono di Dio, che ci viene dato nella Chiesa, ci viene trasmesso per mezzo del ministero di un nostro fratello, il sacerdote; anche lui un uomo che come noi ha bisogno di misericordia, diventa veramente strumento di misericordia, donandoci l'amore senza limiti di Dio Padre. Anche i sacerdoti devono confessarsi, anche i Vescovi: tutti siamo peccatori. Anche il Papa si confessa ogni quindici giorni, perché anche il Papa è un peccatore. E il confessore sente le cose che io gli dico, mi consiglia e mi perdona, perché tutti abbiamo bisogno di questo perdono. A volte capita di sentire qualcuno che sostiene di confessarsi direttamente con Dio… Sì, come dicevo prima, Dio ti ascolta sempre, ma nel Sacramento della Riconciliazione manda un fratello a portarti il perdono, la sicurezza del perdono, a nome della Chiesa.

20 novembre 2013, udienza generale

219. Promuovere una nuova giustizia sociale

La Dottrina Sociale, quando viene vissuta, genera speranza. È così che ognuno può trovare dentro di sé la forza per promuovere con il lavoro una nuova giustizia sociale. Si potrebbe affermare che l'applicazione della Dottrina Sociale contiene in sé una mistica. Ripeto la parola: una mistica. Sembra toglierti immediatamente qualcosa; sembra che applicarla ti porti fuori dal mercato, dalle regole correnti. Guardando ai risultati complessivi, questa mistica porta invece un grande guadagno, perché è in grado di creare sviluppo proprio in quanto – nella sua visione complessiva – richiede di farsi carico dei disoccupati, delle fragilità, delle ingiustizie sociali e non sottostà alle distorsioni di una visione economicistica.

21-24 novembre 2013, video-messaggio per il terzo festival della Dottrina Sociale della Chiesa

220. La lampada della speranza

L'unica lampada accesa al sepolcro di Gesù è la speranza della madre, che in quel momento è la speranza di tutta l'umanità. Domando a me e a voi: nei monasteri è ancora accesa questa lampada? Nei monasteri si aspetta il domani di Dio?

21 novembre 2013, celebrazione dei vespri con la comunità delle monache benedettine camaldolesi

221. Io sono un tempio

In questi due templi – il tempio materiale luogo di adorazione e il tempio spirituale dentro di me, dove abita lo Spirito Santo – il nostro atteggiamento deve essere la pietà che adora e ascolta; che prega e chiede perdono; che loda il Signore. E quando si parla della gioia del tempio, si parla di questo: tutta la comunità in adorazione, in preghiera, in rendimento di grazia, in lode. Io in preghiera con il Signore che è dentro di me, perché io sono tempio; io in ascolto; io in disponibilità.

22 novembre 2013, meditazione mattutina

222. La corsa verso la meta

Un altro aspetto che risalta è l'equilibrio tra il gruppo e l'individuo. Ci sono le famose "mischie", che a volte fanno impressione! Le due squadre si affrontano, due gruppi compatti, che spingono insieme uno contro l'altro e si bilanciano. E poi ci sono le azioni individuali, le corse agili verso la "meta". Ecco, nel rugby si corre verso la "meta"! Questa parola così bella, così importante, ci fa pensare alla vita, perché tutta la nostra vita tende a una meta; e questa ricerca, ricerca della meta, è faticosa, richiede lotta, impegno, ma l'importante è non correre da soli! Per arrivare bisogna correre insieme, e la palla viene passata di mano in mano, e si avanza insieme, finché si arriva alla meta. E allora si festeggia!

22 novembre 2013, discorso ai dirigenti e agli atleti delle nazionali di rugby di Argentina e Italia

223. La fede rancida

Se viene a mancare la sete del Dio vivente, la fede rischia di diventare abitudinaria, rischia di spegnersi, come un fuoco che non viene ravvivato. Rischia di diventare "rancida", senza senso.

23 novembre 2013, rito dell'ammissione al catecumenato e incontro con i catecumeni a conclusione dell'Anno della Fede

224. Lo sport è una risorsa preziosa

Il legame tra la Chiesa e lo sport è una bella realtà che si è consolidata nel tempo, perché la Comunità ecclesiale vede nello sport un valido strumento per la crescita integrale della persona umana. La pratica sportiva, infatti, stimola a un sano superamento di se stessi e dei propri egoismi, allena allo spirito di sacrificio e, se ben impostata, favorisce la lealtà nei rapporti interpersonali, l'amicizia, il rispetto delle regole. È importante che quanti si occupano di sport, a vari livelli, promuovano quei valori umani e religiosi che stanno alla base di una società più giusta e solidale. Questo è possibile perché quello sportivo è un linguaggio universale, che supera confini, lingue, razze, religioni e ideologie; possiede la capacità di unire le persone, favorendo il dialogo e l'accoglienza. Questa è una risorsa molto preziosa!

23 novembre 2013, discorso ai delegati dei comitati olimpici europei

225. Gli anziani protagonisti della Chiesa

Vorrei ripetere oggi che le persone anziane sono sempre state protagoniste nella Chiesa, e lo sono tuttora. E oggi più che mai la Chiesa deve dare esempio a tutta la società del fatto che esse, malgrado gli inevitabili "acciacchi", a volte anche seri, sono sempre importanti, anzi, indispensabili. Esse portano con sé la memoria e la saggezza della vita, per trasmetterle agli altri, e partecipano a pieno titolo della missione della Chiesa. Ricordiamo che la vita umana conserva sempre il suo valore agli occhi di Dio, al di là di ogni visione discriminante.

23 novembre 2013, discorso alla conferenza internazionale promossa dal Pontificio Consiglio per gli Operatori Sanitari

226. Gesù è il centro della creazione

Gesù è il centro della creazione; e pertanto l'atteggiamento richiesto al credente, se vuole essere tale, è quello di riconoscere e di accogliere nella vita questa centralità di Gesù Cristo, nei pensieri, nelle parole e nelle opere. E così i nostri pensieri saranno pensieri cristiani, pensieri di Cristo. Le nostre opere saranno opere cristiane, opere di Cristo, le nostre parole saranno parole cristiane, parole di Cristo. Invece, quando si perde questo centro, perché lo si sostituisce con qualcosa d'altro, ne derivano soltanto dei danni, per l'ambiente attorno a noi e per l'uomo stesso.

24 novembre 2013, omelia

227. Gesù è il centro della storia di ogni uomo

Cristo è il centro della storia dell'umanità, e anche il centro della storia di ogni uomo. A Lui possiamo riferire le gioie e le speranze, le tristezze e le angosce di cui è intessuta la nostra vita. Quando Gesù è al centro, anche i momenti più bui della nostra esistenza si illuminano, e ci dà speranza, come avviene per il buon ladrone nel Vangelo di oggi.

24 novembre 2013, omelia

228. Gesù ricordati di me

Ci farà bene, in questa giornata, pensare alla nostra storia, e guardare Gesù, e dal cuore ripetergli tante volte, ma con il cuore, in silenzio, ognuno di noi: "Ricordati di me, Signore, adesso che sei nel tuo Regno! Gesù, ricordati di me, perché io ho voglia di diventare buono, ho voglia di diventare buona, ma non ho forza, non posso: sono peccatore, sono peccatore. Ma ricordati di me, Gesù! Tu puoi ricordarti di me, perché Tu sei al centro, Tu sei proprio nel tuo Regno!".

24 novembre 2013, omelia

229. I missionari

In questa giornata, il nostro pensiero riconoscente va ai missionari che, nel corso dei secoli, hanno annunciato il Vangelo e sparso il seme della fede in tante parti del mondo.

24 novembre 2013, Angelus

230. Nessuno è escluso dalla gioia del Signore

Invito ogni cristiano, in qualsiasi luogo e situazione si trovi, a rinnovare oggi stesso il suo incontro personale con Gesù Cristo o, almeno, a prendere la decisione di lasciarsi incontrare da Lui, di cercarlo ogni giorno senza sosta. Non c'è motivo per cui qualcuno possa pensare che questo invito non è per lui, perché «nessuno è escluso dalla gioia portata dal Signore».

24 novembre 2013, Evangelii Gaudium

231. Il confessionale non è una sala di tortura

Ai sacerdoti ricordo che il confessionale non dev'essere una sala di tortura bensì il luogo della misericordia del Signore che ci stimola a fare il bene possibile. [...] A tutti deve giungere la consolazione e lo stimolo dell'amore salvifico di Dio, che opera misteriosamente in ogni persona, al di là dei suoi difetti e delle sue cadute.

24 novembre 2013, Evangelii Gaudium

232. Questa economia uccide

Così come il comandamento "non uccidere" pone un limite chiaro per assicurare il valore della vita umana, oggi dobbiamo dire «no a un'economia dell'esclusione e della inequità». Questa economia uccide. Non è possibile che non faccia notizia il fatto che muoia assiderato un anziano ridotto a vivere per strada, mentre lo sia il ribasso di due punti in borsa. Questo è esclusione. Non si può più tollerare il fatto che si getti il cibo, quando c'è gente che soffre la fame. Questo è inequità. Oggi tutto entra nel gioco della competitività e della legge del più forte, dove il potente mangia il più debole. Come conseguenza di questa situazione, grandi masse di popolazione si vedono escluse ed emarginate: senza lavoro, senza prospettive, senza vie di uscita. Si considera l'essere umano in se stesso come un bene di consumo, che si può usare e poi gettare. Abbiamo dato inizio alla cultura dello "scarto" che, addirittura, viene promossa. Non si tratta più semplicemente del fenomeno dello sfruttamento e dell'oppressione, ma di qualcosa di nuovo: con l'esclusione resta colpita, nella sua stessa radice, l'appartenenza alla società in cui si vive, dal momento che in essa non si sta nei bassifondi, nella periferia, o senza potere, bensì si sta fuori. Gli esclusi non sono "sfruttati" ma rifiuti, "avanzi".

24 novembre 2013, Evangelii Gaudium

233. Superare l'egoismo

Il nostro dolore e la nostra vergogna per i peccati di alcuni membri della Chiesa, e per i propri, non devono far dimenticare quanti cristiani danno la vita per amore: aiutano tanta gente a curarsi o a morire in pace in precari ospedali, o accompagnano le persone rese schiave da diverse dipendenze nei luoghi più poveri della terra, o si prodigano nell'educazione di bambini e giovani, o si prendono cura di anziani abbandonati da tutti, o cercano di comunicare valori in ambienti ostili, o si dedicano in molti altri modi, che mostrano l'immenso amore per l'umanità ispiratoci dal Dio fatto uomo. Ringrazio per il bell'esempio che mi danno tanti cristiani che offrono la loro vita e il loro tempo con gioia. Questa testimonianza mi fa tanto bene e mi sostiene nella mia personale aspirazione a superare l'egoismo per spendermi di più.

24 novembre 2013, Evangelii Gaudium

234. L'ansia dei risultati

L'ansia odierna di arrivare a risultati immediati fa sì che gli operatori pastorali non tollerino facilmente il senso di qualche contraddizione, un apparente fallimento, una critica, una Croce.

24 novembre 2013, Evangelii Gaudium

235. La mondanità spirituale

La mondanità spirituale, che si nasconde dietro apparenze di religiosità e persino di amore alla Chiesa, consiste nel cercare, al posto della gloria del Signore, la gloria umana ed il benessere personale. È quello che il Signore rimproverava ai Farisei: «E come potete credere, voi che ricevete gloria gli uni dagli altri, e non cercate la gloria che viene dall'unico Dio?» (*Gv*

5,44). Si tratta di un modo sottile di cercare «i propri interessi, non quelli di Gesù Cristo» (*Fil* 2,21). Assume molte forme, a seconda del tipo di persona e della condizione nella quale si insinua. Dal momento che è legata alla ricerca dell'apparenza, non sempre si accompagna con peccati pubblici, e all'esterno tutto appare corretto. Ma se invadesse la Chiesa, «sarebbe infinitamente più disastrosa di qualunque altra mondanità semplicemente morale».

24 novembre 2013, Evangelii Gaudium

236. Una implacabile caccia alle streghe

A coloro che sono feriti da antiche divisioni risulta difficile accettare che li esortiamo al perdono e alla riconciliazione, perché pensano che ignoriamo il loro dolore o pretendiamo di far perdere loro memoria e ideali. Ma se vedono la testimonianza di comunità autenticamente fraterne e riconciliate, questa è sempre una luce che attrae. Perciò mi fa tanto male riscontrare come in alcune comunità cristiane, e persino tra persone consacrate, si dia spazio a diverse forme di odio, divisione, calunnia, diffamazione, vendetta, gelosia, desiderio di imporre le proprie idee a qualsiasi costo, fino a persecuzioni che sembrano una implacabile caccia alle streghe. Chi vogliamo evangelizzare con questi comportamenti?

24 novembre 2013, Evangelii Gaudium

237. Il luogo della misericordia gratuita

La Chiesa dev'essere il luogo della misericordia gratuita, dove tutti possano sentirsi accolti, amati, perdonati e incoraggiati a vivere secondo la vita buona del Vangelo.

24 novembre 2013, Evangelii Gaudium

238. L'omelia non è uno spettacolo d'intrattenimento

L'omelia non può essere uno spettacolo di intrattenimento, non risponde alla logica delle risorse mediatiche, ma deve dare fervore e significato alla celebrazione [...], deve essere breve ed evitare di sembrare una conferenza o una lezione.

24 novembre 2013, Evangelii Gaudium

239. La terra è la nostra casa comune

Amiamo questo magnifico pianeta dove Dio ci ha posto, e amiamo l'umanità che lo abita, con tutti i suoi drammi e le sue stanchezze, con i suoi aneliti e le sue speranze, con i suoi valori e le sue fragilità. La terra è la nostra casa comune e tutti siamo fratelli.

24 novembre 2013, Evangelii Gaudium

240. La solidarietà

La solidarietà è una reazione spontanea di chi riconosce la funzione sociale della proprietà e la destinazione universale dei beni come realtà anteriori alla proprietà privata. Il possesso privato dei beni si giustifica per custodirli e accrescerli in modo che servano meglio al bene comune, per cui la solidarietà si deve vivere come la decisione di restituire al povero quello che gli corrisponde. Queste convinzioni e pratiche di solidarietà, quando si fanno carne, aprono la strada ad altre trasformazioni strutturali e le rendono possibili. Un cambiamento nelle strutture che non generi nuove convinzioni e atteggiamenti farà sì che quelle stesse strutture presto o tardi diventino corrotte, pesanti e inefficaci.

24 novembre 2013, Evangelii Gaudium

241. La politica è una delle forme più preziose di carità

Chiedo a Dio che cresca il numero di politici capaci di entrare in un autentico dialogo che si orienti efficacemente a sanare le radici profonde e non l'apparenza dei mali del nostro mondo! La politica, tanto denigrata, è una vocazione altissima, è una delle forme più preziose della carità, perché cerca il bene comune. Dobbiamo convincerci che la carità «è il principio non solo delle micro-relazioni: rapporti amicali, familiari, di piccolo gruppo, ma anche delle macro-relazioni: rapporti sociali, economici, politici». Prego il Signore che ci regali più politici che abbiano davvero a cuore la società, il popolo, la vita dei poveri! È indispensabile che i governanti e il potere finanziario alzino lo sguardo e amplino le loro prospettive, che facciano in modo che ci sia un lavoro degno, istruzione e assistenza sanitaria per tutti i cittadini. E perché non ricorrere a Dio affinché ispiri i loro piani? Sono convinto che a partire da un'apertura alla trascendenza potrebbe formarsi una nuova mentalità politica ed economica che aiuterebbe a superare la dicotomia assoluta tra l'economia e il bene comune sociale.

24 novembre 2013, Evangelii Gaudium

242. La tratta delle persone

Mi ha sempre addolorato la situazione di coloro che sono oggetto delle diverse forme di tratta di persone. Vorrei che si ascoltasse il grido di Dio che chiede a tutti noi: «Dov'è tuo fratello?» (*Gen* 4,9). Dov'è il tuo fratello schiavo? Dov'è quello che stai uccidendo ogni giorno nella piccola fabbrica clandestina, nella rete della prostituzione, nei bambini che utilizzi per l'accattonaggio, in quello che deve lavorare di nascosto perché non è stato regolarizzato? Non facciamo finta di niente. Ci sono molte complicità. La domanda è per tutti! Nelle nostre città è impiantato questo crimine mafioso e aberrante, e molti hanno le mani che grondano sangue a causa di una complicità comoda e muta.

24 novembre 2013, Evangelii Gaudium

243. L'essere umano sacro e inviolabile

Tra questi deboli, di cui la Chiesa vuole prendersi cura con predilezione, ci sono anche i bambini nascituri, che sono i più indifesi e innocenti di tutti, ai quali oggi si vuole negare la dignità umana al fine di poterne fare quello che si vuole, togliendo loro la vita e promuovendo legislazioni in modo che nessuno possa impedirlo. Frequentemente, per ridicolizzare allegramente la difesa che la Chiesa fa delle vite dei nascituri, si fa in modo di presentare la sua posizione come qualcosa di ideologico, oscurantista e conservatore. Eppure questa difesa della vita nascente è intimamente legata alla difesa di qualsiasi diritto umano. Suppone la convinzione che un essere umano è sempre sacro e inviolabile, in qualunque situazione e in ogni fase del suo sviluppo. È un fine in se stesso e mai un mezzo per risolvere altre difficoltà. Se cade questa convinzione, non rimangono solide e permanenti fondamenta per la difesa dei diritti umani, che sarebbero sempre soggetti alle convenienze contingenti dei potenti di turno. La sola ragione è sufficiente per riconoscere il valore inviolabile di ogni vita umana, ma se la guardiamo anche a partire dalla fede, «ogni violazione della dignità personale dell'essere umano grida vendetta al cospetto di Dio e si configura come offesa al Creatore dell'uomo».

24 novembre 2013, Evangelii Gaudium

244. L'ebraismo

Uno sguardo molto speciale si rivolge al popolo ebreo, la cui Alleanza con Dio non è mai stata revocata, perché «i doni e la chiamata di Dio sono irrevocabili» (*Rm* 11,29). La Chiesa, che condivide con l'Ebraismo una parte importante delle Sacre Scritture, considera il popolo dell'Alleanza e la sua fede come una radice sacra della propria identità cristiana (cfr. *Rm* 11,16-18). Come cristiani non possiamo considerare l'Ebraismo come una religione estranea, né includiamo gli ebrei tra quanti sono chiamati ad abbandonare gli idoli per convertirsi al vero Dio (cfr. *1 Ts* 1,9). Crediamo insieme con loro nell'unico Dio che agisce nella storia, e accogliamo con loro la comune Parola rivelata.

24 novembre 2013, Evangelii Gaudium

245. L'islam

In quest'epoca acquista una notevole importanza la relazione con i credenti dell'Islam, oggi particolarmente presenti in molti Paesi di tradizione cristiana dove essi possono celebrare liberamente il loro culto e vivere integrati nella società. Non bisogna mai dimenticare che essi, «professando di avere la fede di Abramo, adorano con noi un Dio unico, misericordioso, che giudicherà gli uomini nel giorno finale». Gli scritti sacri dell'Islam conservano parte degli insegnamenti cristiani; Gesù Cristo e Maria sono oggetto di profonda venerazione ed è ammirevole vedere come giovani e anziani, donne e uomini dell'Islam sono capaci di dedicare quotidianamente tempo alla preghiera e di partecipare fedelmente ai loro riti religiosi. Al tempo stesso, molti di loro sono profondamente convinti che la loro vita, nella sua totalità, è di Dio e per Lui. Riconoscono anche la necessità di rispondere a Dio con un impegno etico e con la misericordia verso i più poveri.

24 novembre 2013, Evangelii Gaudium

246. Alla Vergine Maria

Vergine e Madre Maria,
tu che, mossa dallo Spirito,
hai accolto il Verbo della vita

nella profondità della tua umile fede,
totalmente donata all'Eterno,
aiutaci a dire il nostro "sì"
nell'urgenza, più imperiosa che mai,
di far risuonare la Buona Notizia di Gesù.

Tu, ricolma della presenza di Cristo,
hai portato la gioia a Giovanni il Battista,
facendolo esultare nel seno di sua madre.
Tu, trasalendo di giubilo,
hai cantato le meraviglie del Signore.
Tu, che rimanesti ferma davanti alla Croce
con una fede incrollabile,
e ricevesti la gioiosa consolazione della risurrezione,
hai radunato i discepoli nell'attesa dello Spirito
perché nascesse la Chiesa evangelizzatrice.

Ottienici ora un nuovo ardore di risorti
per portare a tutti il Vangelo della vita
che vince la morte.
Dacci la santa audacia di cercare nuove strade
perché giunga a tutti
il dono della bellezza che non si spegne.
Tu, Vergine dell'ascolto e della contemplazione,
madre dell'amore, sposa delle nozze eterne,
intercedi per la Chiesa, della quale sei l'icona purissima,
perché mai si rinchiuda e mai si fermi
nella sua passione per instaurare il Regno.

Stella della nuova evangelizzazione,
aiutaci a risplendere nella testimonianza della comunione,
del servizio, della fede ardente e generosa,
della giustizia e dell'amore verso i poveri,
perché la gioia del Vangelo
giunga sino ai confini della terra
e nessuna periferia sia priva della sua luce.

Madre del Vangelo vivente,
sorgente di gioia per i piccoli,
prega per noi.
Amen. Alleluia.

24 novembre 2013, Evangelii Gaudium

247. La grazia del coraggio

Quando conosciamo la vita dei martiri, quando leggiamo sui giornali le persecuzioni dei cristiani, oggi, pensiamo a questi fratelli e sorelle che si trovano in situazioni al limite e che fanno questa scelta. Loro vivono in questo tempo. Sono un esempio per noi. Ci incoraggiano a gettare sul tesoro della Chiesa tutto quello che abbiamo per vivere.

25 novembre 2013, meditazione mattutina

248. La fede si vede nei momenti di difficoltà

La fede è cardine dell'esperienza cristiana, perché motiva le scelte e gli atti della nostra vita quotidiana. Essa è la vena inesauribile di tutto il nostro agire, in famiglia, al lavoro, in parrocchia, con gli amici, nei vari ambienti sociali. E questa fede salda, genuina, si vede specialmente nei momenti di difficoltà e di prova: allora il cristiano si lascia prendere in braccio da Dio, e si stringe a Lui, con la sicurezza di affidarsi ad un amore forte come roccia indistruttibile. Proprio nelle situazioni di sofferenza, se ci abbandoniamo a Dio con umiltà, noi possiamo dare una buona testimonianza.

25 novembre 2013, discorso ai volontari che hanno prestato servizio nell'organizzazione dell'Anno della Fede

249. Lavorare per la riconciliazione in Medio Oriente

La nostra gioia nel celebrare la festa dell'Apostolo Andrea non deve farci distogliere lo sguardo dalla situazione drammatica delle molte persone che stanno soffrendo a causa della violenza e della guerra, della fame, della povertà e di gravi catastrofi naturali. Sono consapevole della vostra profonda preoccupazione per la situazione dei cristiani in Medio Oriente e per il loro diritto di rimanere nella loro patria. Il dialogo, il perdono e la riconciliazione sono gli unici strumenti possibili per ottenere la risoluzione del conflitto. Siamo costanti nella nostra preghiera al Dio onnipotente e misericordioso per la pace in questa regione, e continuiamo a lavorare per la riconciliazione e il giusto riconoscimento dei diritti delle persone!

25 novembre 2013, messaggio a sua santità Bartolomeo I, patriarca ecumenico

250. Il desiderio di costruire insieme

Ogni aspetto della nostra vita cristiana può essere animato dal desiderio di costruire insieme, di collaborare, di imparare gli uni dagli altri, di testimoniare la fede insieme. Ci accompagna in questo cammino, ed è il centro di questo cammino, Gesù Cristo, il Signore risorto. Questo desiderio di comunione ci spinge a cercare di capire l'altro, a rispettarlo, e anche ad accogliere e offrire la correzione fraterna.

25 novembre 2013, discorso ai pellegrini greco-cattolici ucraini

251. Il padrone del tempo

Il cristiano è un uomo o una donna che sa vivere nel momento e sa vivere nel tempo. Il momento è quello che noi abbiamo in mano adesso: ma questo non è il tempo, questo passa! Forse noi possiamo sentirci padroni del momento, ma l'inganno è crederci padroni del tempo: il tempo non è nostro, il tempo è di Dio! Il momento è nelle nostre mani e anche nella nostra libertà di come prenderlo. E di più: noi possiamo diventare sovrani del momento, ma del tempo soltanto c'è un sovrano, un solo Signore, Gesù Cristo.

26 novembre 2013, meditazione mattutina

252. La fratellanza da laboratorio non è vera fratellanza

Non è possibile pensare a una fratellanza "da laboratorio". Certo, è necessario che tutto avvenga nel rispetto delle convinzioni altrui, anche di chi non crede, ma dobbiamo avere il coraggio e la pazienza di venirci incontro l'un l'altro per quello che siamo. Il futuro sta nella convivenza rispettosa delle diversità, non nell'omologazione ad un pensiero unico teoricamente neutrale. Abbiamo visto a lungo la storia, la tragedia dei pensieri unici. Diventa perciò imprescindibile il riconoscimento del diritto fondamentale alla libertà religiosa, in tutte le sue dimensioni.

28 novembre 2013, discorso alla plenaria del Pontificio Consiglio per il Dialogo Interreligioso

253. Il pensiero prêt-à-porter

Il pensiero uniforme, il pensiero uguale, il pensiero debole, un pensiero così diffuso. Lo spirito del mondo non vuole che noi ci chiediamo davanti a Dio: "Ma perché questo, perché quell'altro, perché accade questo?". O anche ci propone un pensiero *prêt-à-porter*, secondo i propri gusti: "Io penso come mi piace!". Ma quello va bene, dicono loro... Ma quello che lo spirito del mondo non vuole è questo che Gesù ci chiede: il pensiero libero, il pensiero di un uomo e di una donna che sono parte del popolo di Dio e la salvezza è stata proprio questa!

29 novembre 2013, meditazione mattutina

254. Il rispetto tra le confessioni religiose per un futuro di convivenza pacifica

Crediamo fermamente nella forza della preghiera e della riconciliazione, e rinnoviamo il nostro accorato appello ai responsabili perché cessi ogni violenza e attraverso il dialogo si trovino soluzioni giuste e durature ad un conflitto che ha già causato troppi danni. In particolare, esorto al rispetto vicendevole tra le varie confessioni religiose, per assicurare a tutti un futuro basato sui diritti inalienabili della persona, compresa la libertà religiosa. La vostra Chiesa da secoli ha saputo convivere pacificamente con altre religioni ed è chiamata a svolgere un ruolo di fraternità in Medio Oriente.

30 novembre 2013, discorso al pellegrinaggio della Chiesa greco-melchita

255. La linfa salutare

Dio ci dona il suo aiuto mediante il quale possiamo perseverare e preservare i doni che lo Spirito Santo ci ha dato, la vita nuova nello Spirito che Egli ci dà. Custodendo questa "linfa" salutare della nostra vita, tutto il nostro essere, spirito, anima e corpo, si conserva irreprensibile e integerrimo.

30 novembre 2013, omelia

256. Non guardate la vita dal balcone!

Voi sapete, cari giovani universitari, che non si può vivere senza guardare le sfide, senza rispondere alle sfide. Colui che non guarda le sfide, che non risponde alle sfide, non vive. La vostra volontà e le vostre capacità, unite alla potenza dello Spirito Santo che abita in ciascuno di voi dal giorno del Battesimo, vi consentono di essere non spettatori, ma protagonisti degli accadimenti contemporanei. Per favore, non guardate la vita dal balcone! Mischiatevi lì, dove ci sono le sfide, che vi chiedono aiuto per portare avanti la vita, lo sviluppo, la lotta per la dignità delle persone, la lotta contro la povertà, la lotta per i valori, e tante lotte che troviamo ogni giorno.

30 novembre 2013, omelia

257. Fortezza e audacia

Sono diverse le sfide che voi giovani universitari siete chiamati ad affrontare con fortezza interiore e audacia evangelica. Fortezza e audacia. Il contesto socio-culturale nel quale siete inseriti a volte è appesantito dalla mediocrità e dalla noia. Non bisogna rassegnarsi alla monotonia del vivere quotidiano, ma coltivare progetti di ampio respiro, andare oltre l'ordinario: non lasciatevi rubare l'entusiasmo giovanile! Sarebbe uno sbaglio anche lasciarsi imprigionare dal pensiero debole e dal pensiero uniforme, quello che omologa, come pure da una globalizzazione intesa come omologazione. Per superare questi rischi, il modello da seguire non è la sfera. Il modello da seguire nella vera globalizzazione – che è buona – non è la sfera, in cui è livellata ogni sporgenza e scompare ogni differenza; il modello è invece il poliedro, che include una molteplicità di elementi e rispetta l'unità nella varietà. Nel difendere l'unità, difendiamo anche la diversità. Al contrario quella unità non sarebbe umana.

30 novembre 2013, omelia

258. Le sofferenze inspiegabili

Vi do il mio cordiale benvenuto, vi saluto. E grazie per questa visita. Grazie per questa visita e grazie per le preghiere che voi fate per la Chiesa. Voi fate tanto bene alla Chiesa con le vostre sofferenze, sofferenze inspiegabili. Ma Dio conosce le cose e anche le vostre preghiere.

30 novembre 2013, parole durante l'incontro con un gruppo di bambini ammalati di tumore provenienti dalla Polonia

259. Incontrare Gesù è anche lasciarsi guardare da Lui

Ricordate sempre questo: la vita è un cammino. È un cammino. Un cammino per incontrare Gesù. Alla fine, e sempre. Un cammino dove non incontriamo Gesù non è un cammino cristiano. È proprio del cristiano incontrare sempre Gesù, guardarlo, lasciarsi guardare da Gesù, perché Gesù ci guarda con amore, ci ama tanto, ci vuole tanto bene e ci guarda sempre.

1° dicembre 2013, omelia

260. La bellezza di essere in cammino

Iniziamo oggi, Prima Domenica di Avvento, un nuovo anno liturgico, cioè un nuovo cammino del popolo di Dio con Gesù Cristo, il nostro Pastore, che ci guida nella storia verso il compimento del Regno di Dio. Perciò questo giorno ha un fascino speciale, ci fa provare un sentimento profondo del senso della storia. Riscopriamo la bellezza di essere tutti in cammino: la Chiesa, con la sua vocazione e missione, e l'umanità intera, i popoli, le civiltà, le culture, tutti in cammino attraverso i sentieri del tempo.

1° dicembre 2013, Angelus

261. L'orizzonte della speranza

Come nella vita di ognuno di noi c'è sempre bisogno di ripartire, di rialzarsi, di ritrovare il senso della meta della propria esistenza, così per la grande famiglia umana è necessario rinnovare sempre l'orizzonte comune verso cui siamo incamminati. *L'orizzonte della speranza!* Questo è l'orizzonte per fare un buon cammino. Il tempo di Avvento, che oggi di nuovo incominciamo, ci restituisce l'orizzonte della speranza, una speranza che non delude perché è fondata sulla Parola di Dio. Una speranza che non delude, semplicemente perché il Signore non delude mai! Lui è fedele! Lui non delude!

1° dicembre 2013, Angelus

262. Per i malati di AIDS

Oggi ricorre la Giornata mondiale per la lotta contro l'HIV/AIDS. Esprimiamo la nostra vicinanza alle persone che ne sono affette, specialmente ai bambini; una vicinanza che è molto concreta per l'impegno silenzioso di tanti missionari e operatori. Preghiamo per tutti, anche per i medici e i ricercatori. Ogni malato, nessuno escluso, possa accedere alle cure di cui ha bisogno.

*1° dicembre 2013, dopo l'*Angelus

263. In cammino

Il cammino che cominciamo in questi giorni è un nuovo cammino di Chiesa, un cammino del popolo di Dio, verso il Natale. E camminiamo all'incontro del Signore. Il Natale è infatti un incontro: non solo una ricorrenza temporale oppure un ricordo di qualcosa bella. Il Natale è di più. Noi andiamo per questa strada per incontrare il Signore. Dunque nel periodo dell'Avvento camminiamo per incontrarlo. Incontrarlo con il cuore, con la vita; incontrarlo vivente, come Lui è; incontrarlo con fede.

2 dicembre 2013, meditazione mattutina

264. Il primato dell'uomo sulla tecnica e sulle strutture

L'antropologia cristiana e la Dottrina Sociale della Chiesa fanno parte del patrimonio di esperienza e di umanità su cui si fonda la civiltà europea ed esse possono aiutare a riaffermare concretamente il primato dell'uomo sulla tecnica e sulle strutture. E questo primato dell'uomo presuppone l'apertura alla trascendenza. Al contrario, sopprimendo la dimensione trascendente, una cultura si impoverisce, mentre essa dovrebbe mostrare la possibilità di collegare in costante armonia fede e ragione, verità e libertà. Così, la Chiesa non propone soltanto delle verità morali immutabili, e degli atteggiamenti controcorrente rispetto al mondo, ma li propone come la chiave del bene umano e dello sviluppo sociale. I cristiani hanno una missione propria per raccogliere questa sfida. L'educazione delle coscienze diventa allora prioritaria, specialmente mediante la formazione del giudizio critico, pur avendo un approccio positivo sulle realtà sociali; si eviterà così la superficialità dei giudizi e la rassegnazione all'indifferenza. Quindi, ciò richiede che i cattolici, sacerdoti, persone consacrate, laici acquisiscano una formazione solida e di qualità.

2 dicembre 2013, discorso ai presuli della Conferenza Episcopale dei Paesi Bassi

265. I giorni del Messia

La Parola di Dio oggi ci parla di pace e di gioia. Isaia nella sua profezia (11, 1-10) ci dice come saranno i giorni del Messia. Saranno giorni di pace.

3 dicembre 2013, meditazione mattutina

266. La risurrezione

Che cosa significa risuscitare? La risurrezione di tutti noi avverrà nell'ultimo giorno, alla fine del mondo, ad opera della onnipotenza di Dio, il quale restituirà la vita al nostro corpo riunendolo all'anima, in forza della risurrezione di Gesù. Questa è la spiegazione fondamentale: perché Gesù è risorto noi resusciteremo; noi abbiamo la speranza nella risurrezione perché Lui ci ha aperto la porta a questa risurrezione.

4 dicembre 2013, udienza generale

267. Parole impazzite

Quando le parole cristiane sono senza Cristo incominciano ad andare sul cammino della pazzia. [...] Una parola cristiana senza Cristo ti porta alla vanità, alla sicurezza di te stesso, all'orgoglio, al potere per il potere. E il Signore abbatte queste persone.

5 dicembre 2013, meditazione mattutina

268. La sicurezza della preghiera

Non so se forse questo suona male, ma pregare è un po' dare fastidio a Dio, perché ci ascolti. [...] È attirare gli occhi, attirare il cuore di Dio verso di noi... E questo lo hanno fatto anche quei lebbrosi che gli si avvicinarono: «Se tu vuoi, puoi guarirci!». Lo hanno fatto con una certa sicurezza. Così, Gesù ci insegna a pregare. Quando noi preghiamo, pensiamo a volte: "Ma, sì, io dico questo bisogno, lo dico al Signore una, due, tre volte, ma non con tanta forza. Poi mi stanco di chiederlo e mi dimentico di chiederlo". Questi gridavano e non si stancavano di gridare. [...]

E la preghiera ha questi due atteggiamenti: è bisognosa ed è sicura. Preghiera bisognosa sempre: la preghiera, quando noi chiediamo qualcosa, è bisognosa: «Ho questo bisogno, ascoltami, Signore». Ma anche, quando è vera, è sicura: «Ascoltami! Io credo che tu possa farlo perché tu lo hai promesso».

Lui può farlo. Quando lo farà, come lo farà non lo sappiamo. Questa è la sicurezza della preghiera.

6 dicembre 2013, meditazione mattutina

269. Pionieri in frontiera

I teologi sono dunque dei "pionieri" – è importante questo: pionieri. Avanti! – Pionieri del dialogo della Chiesa con le culture. Ma questo di essere pionieri è importante anche perché alcune volte si può pensare che rimangano indietro, in caserma... No, in frontiera! Questo dialogo della Chiesa con le culture è un dialogo al tempo stesso critico e benevolo, che deve favorire l'accoglienza della Parola di Dio da parte degli uomini «di ogni nazione, razza, popolo e lingua» (*Ap* 7,9).

6 dicembre 2013, discorso ai membri della Commissione Teologica Internazionale

270. La bussola

La Dottrina Sociale della Chiesa, con la sua visione integrale dell'uomo, come essere personale e sociale, è la vostra "bussola". Lì c'è un frutto particolarmente significativo del lungo cammino del popolo di Dio nella storia moderna e contemporanea: c'è la difesa della libertà religiosa, della vita in tutte le sue fasi, del diritto al lavoro e al lavoro decente, della famiglia, dell'educazione…

7 dicembre 2013, discorso alla delegazione dell'Istituto Dignitatis Humanae

271. La Chiesa e internet

Tra le possibilità offerte dalla comunicazione digitale, la più importante riguarda l'annuncio del Vangelo. Certo non è sufficiente acquisire competenze tecnologiche, pur importanti. Si tratta anzitutto di incontrare donne e uomini reali, spesso feriti o smarriti, per offrire loro vere ragioni di speranza. L'annuncio richiede relazioni umane autentiche e dirette per sfociare in un incontro personale con il Signore. Pertanto internet non basta, la tecnologia non è sufficiente. Questo però non vuol dire che la presenza della Chiesa nella rete sia inutile; al contrario, è indispensabile essere presenti, sempre con stile evangelico, in quello che per tanti, specie giovani, è diventato una sorta di ambiente di vita, per risvegliare le domande insopprimibili del cuore sul senso dell'esistenza, e indicare la via che porta a Colui che è la risposta, la Misericordia divina fatta carne, il Signore Gesù.

7 dicembre 2013, discorso ai partecipanti alla plenaria del Pontificio Consiglio dei Laici

272. Lo sguardo d'amore di Dio

Il mistero di questa ragazza di Nazareth, che è nel cuore di Dio, non ci è estraneo. Non è lei là e noi qui. No, siamo collegati. Infatti Dio posa il suo sguardo d'amore su ogni uomo e ogni donna! Con nome e cognome. Il suo sguardo di amore è su ognuno di noi. L'Apostolo Paolo afferma che Dio «ci ha scelti prima della creazione del mondo per essere santi e immacolati» (*Ef* 1,4). Anche noi, da sempre, siamo stati scelti da Dio per vivere una vita santa, libera dal peccato. È un progetto d'amore che Dio rinnova ogni volta che noi ci accostiamo a Lui, specialmente nei Sacramenti.

8 dicembre 2013, Angelus

273. Preghiera all'Immacolata

Vergine Santa e Immacolata,
a Te, che sei l'onore del nostro popolo
e la custode premurosa della nostra città,
ci rivolgiamo con confidenza e amore.

Tu sei la Tutta Bella, o Maria!
Il peccato non è in Te.

Suscita in tutti noi un rinnovato desiderio di santità:
nella nostra parola rifulga lo splendore della verità,
nelle nostre opere risuoni il canto della carità,
nel nostro corpo e nel nostro cuore abitino purezza e castità,
nella nostra vita si renda presente tutta la bellezza del Vangelo.

Tu sei la Tutta Bella, o Maria!
La Parola di Dio in Te si è fatta carne.

Aiutaci a rimanere in ascolto attento della voce del Signore:
il grido dei poveri non ci lasci mai indifferenti,
la sofferenza dei malati e di chi è nel bisogno non ci trovi distratti,
la solitudine degli anziani e la fragilità dei bambini ci commuovano,
ogni vita umana sia da tutti noi sempre amata e venerata.

Tu sei la Tutta Bella, o Maria!
In Te è la gioia piena della vita beata con Dio.

Fa' che non smarriamo il significato del nostro cammino terreno:
la luce gentile della fede illumini i nostri giorni,
la forza consolante della speranza orienti i nostri passi,
il calore contagioso dell'amore animi il nostro cuore,

gli occhi di noi tutti rimangano ben fissi là, in Dio, dove è la vera gioia.

Tu sei la Tutta Bella, o Maria!
Ascolta la nostra preghiera, esaudisci la nostra supplica:
sia in noi la bellezza dell'amore misericordioso di Dio in Gesù,
sia questa divina bellezza a salvare noi, la nostra città, il mondo intero.
Amen.

8 dicembre 2013

274. Si fermino per sempre l'inimicizia e le divisioni nel Medio Oriente

Preghiamo con fiducia perché in Terra Santa e in tutto il Medio Oriente la pace possa sempre rialzarsi dalle soste troppo ricorrenti e talora drammatiche. Si fermino, invece, per sempre l'inimicizia e le divisioni. Riprendano speditamente le intese di pace spesso paralizzate da contrapposti e oscuri interessi. Siano date finalmente reali garanzie di libertà religiosa a tutti, insieme al diritto per i cristiani di vivere serenamente là dove sono nati, nella patria che amano come cittadini da duemila anni, per contribuire come sempre al bene di tutti. Il Signore Gesù, che sperimentò con la Santa Famiglia la fuga e venne ospitato nella vostra terra generosa, vegli sugli egiziani che per le strade del mondo cercano dignità e sicurezza.

9 dicembre 2013, omelia

275. La voce degli affamati diventi un ruggito

Siamo di fronte allo scandalo mondiale di circa un miliardo, un miliardo di persone che ancora oggi soffrono la fame. Non possiamo girarci dall'altra parte e far finta che questo non esista. Il cibo a disposizione nel mondo basterebbe a sfamare tutti.

[...]

Invito tutte le istituzioni del mondo, tutta la Chiesa e ognuno di noi, come una sola famiglia umana, a dare voce a tutte le persone che soffrono silenziosamente la fame, affinché questa voce diventi un ruggito in grado di scuotere il mondo.

9 dicembre 2013, video-messaggio per la "Campagna contro la fame nel mondo" lanciata dalla Caritas Internationalis

276. Il Signore non ha paura della tenerezza

Il Signore ci consola con tenerezza. Il Signore, il grande Dio, non ha paura della tenerezza. Lui si fa tenerezza, si fa bambino, si fa piccolo.

10 dicembre 2013, meditazione mattutina

277. Avanti senza paura

Non stanchiamoci, pertanto, di vigilare sui nostri pensieri e sui nostri atteggiamenti, per pregustare fin da ora il calore e lo splendore del volto di Dio – e ciò sarà bellissimo – che nella vita eterna contempleremo in tutta la sua pienezza. Avanti, pensando a questo giudizio che comincia adesso, è già cominciato. Avanti, facendo in modo che il nostro cuore si apra a Gesù e alla sua salvezza; avanti senza paura, perché l'amore di Gesù è più grande e se noi chiediamo perdono dei nostri peccati Lui ci perdona.

11 dicembre 2013, udienza generale

278. Il linguaggio di Dio

Quando guardiamo un papà o una mamma che parlano al loro figliolo, noi vediamo che loro diventano piccoli e parlano con la voce di un bambino e fanno gesti di bambini. Uno che guarda dal di fuori può pensare: "Ma questi sono ridicoli!". Si rimpiccioliscono, proprio lì, no? Perché l'amore del papà e della mamma ha necessità di avvicinarsi, dico questa parola: di abbassarsi proprio al mondo del bambino. Eh sì: se papà e mamma gli parlano normalmente, il bambino capirà lo stesso; ma loro vogliono prendere il modo di parlare del bambino. Si avvicinano, si fanno bambini. E così è il Signore. [...] Questa è la musica del linguaggio del Signore, e noi nella preparazione al Natale dobbiamo sentirla: ci farà bene sentirla, ci farà tanto bene. Normalmente, il Natale sembra una festa di molto rumore: ci farà bene fare un po' di silenzio e sentire queste parole di amore, queste parole di tanta vicinanza, queste parole di tenerezza...

12 dicembre 2013, meditazione mattutina

279. La tratta delle persone è un crimine contro l'umanità

Oggi desidero affrontare con voi una questione che mi preoccupa molto e che minaccia attualmente la dignità delle persone: è la tratta di esseri umani. È una vera forma di schiavitù, purtroppo sempre più diffusa, che riguarda ogni Paese, anche i più sviluppati, e che tocca le persone più vulnerabili della società: le donne e le ragazze, i bambini e le bambine, i disabili, i più poveri, chi proviene da situazioni di disgregazione familiare e sociale. [...] La tratta delle persone è un crimine contro l'umanità. Dobbiamo unire le forze per liberare le vittime e per fermare questo crimine sempre più aggressivo, che minaccia, oltre alle singole persone, i valori fondanti della società e anche la sicurezza e la giustizia internazionali, oltre che l'economia, il tessuto familiare e lo stesso vivere sociale.

12 dicembre 2013, discorso a un gruppo di nuovi ambasciatori in occasione della presentazione delle Lettere Credenziali

280. Non dobbiamo vacillare

Per quanto siano grandi i nostri limiti e i nostri smarrimenti, non ci è consentito essere fiacchi e vacillanti di fronte alle difficoltà e alle nostre stesse debolezze. Al contrario, siamo invitati ad irrobustire le mani, a rendere salde le ginocchia, ad avere coraggio e non temere, perché il nostro Dio ci mostra sempre la grandezza della sua misericordia. Lui ci dà la forza per andare avanti.

15 dicembre 2013, Angelus

281. Sempre avanti!

Coraggio! Sempre avanti! Grazie al suo aiuto noi possiamo sempre ricominciare da capo. Come? Ricominciare da capo? Qualcuno può dirmi: «No, Padre, io ne ho fatte tante... Sono un gran peccatore, una grande peccatrice... Io non posso rincominciare da capo!». Sbagli! Tu puoi ricominciare da capo! Perché? Perché Lui ti aspetta, Lui è vicino a te, Lui ti ama, Lui è misericordioso, Lui ti perdona, Lui ti dà la forza di ricominciare da capo! A tutti! Allora siamo capaci di riaprire gli occhi, di superare tristezza e pianto e intonare un canto nuovo. E questa gioia vera rimane anche nella prova, anche nella sofferenza, perché non è una gioia superficiale, ma scende nel profondo della persona che si affida a Dio e confida in Lui.

15 dicembre 2013, Angelus

282. La gioia di una mamma

La Vergine Maria ci ottenga di vivere la gioia del Vangelo in famiglia, al lavoro, in parrocchia e in ogni ambiente. Una gioia intima, fatta di meraviglia e di tenerezza. Quella che prova una mamma quando guarda il suo bambino appena nato, e sente che è un dono di Dio, un miracolo di cui solo ringraziare!

15 dicembre 2013, Angelus

283. Le legalità che ci chiudono le porte

Signore, che non dimentichiamo la tua promessa; che non ci stanchiamo di andare avanti; che non ci chiudiamo nelle legalità che chiudono le porte. Signore, libera il tuo popolo dallo spirito del clericalismo e aiutalo con lo spirito di profezia.

16 dicembre 2013, meditazione mattutina

284. Il cognome di Dio

Qual è il cognome di Dio? Siamo noi, ognuno di noi. Lui prende da noi il nome per farlo il suo cognome. «Io sono il Dio di Abramo, di Isacco, di Giacobbe, di Pedro, di Marietta, di Armony, di Marisa, di Simone, di tutti!». Da noi prende il cognome. Il cognome di Dio è ognuno di noi.

17 dicembre 2013, meditazione mattutina

285. Dio che si è fatto uomo

Se Dio, per mezzo di Gesù, si è coinvolto con l'uomo al punto da diventare come uno di noi, vuol dire che qualunque cosa avremo fatto a un fratello o a una sorella l'avremo fatta a Lui. Ce lo ha ricordato lo stesso Gesù: chi avrà nutrito, accolto, visitato, amato uno dei più piccoli e dei più poveri tra gli uomini, avrà fatto ciò al Figlio di Dio.

18 dicembre 2013, udienza generale

286. L'umiltà necessaria per la fecondità

L'umiltà è necessaria per la fecondità. Quante persone credono di essere giuste [...] e alla fine sono poveracce. L'umiltà di dire al Signore: «Signore, sono sterile, sono un deserto» e ripetere in questi giorni quelle belle antifone che la Chiesa ci fa pregare: «O figlio di David, o Adonai, o Sapienza – oggi – o radice di Jesse, o Emmanuel, vieni a darci vita, vieni a salvarci, perché Tu solo puoi, io solo non posso!». E con questa umiltà, l'umiltà del deserto, l'umiltà di anima sterile, ricevere la grazia, la grazia di fiorire, di dare frutto e di dare vita.

19 dicembre 2013, meditazione mattutina

287. Amare il silenzio

Il Signore ci dia a tutti la grazia di amare il silenzio, cercarlo, di avere un cuore custodito dalla nube del silenzio. E così il mistero che cresce in noi darà tanti frutti.

20 dicembre, meditazione mattutina

288. La civiltà dell'amore

L'Italia è sempre stata nel mondo sinonimo di cultura, di arte, di civiltà. E voi contribuite a far sì che questo sia valorizzato per la cultura dell'incontro, che tale patrimonio vada a vantaggio del bene comune, di quella che Paolo VI chiamava la civiltà dell'amore.

20 dicembre 2013, discorso ai funzionari del cerimoniale diplomatico della Repubblica Italiana e ai funzionari dell'Ambasciata d'Italia presso la Santa Sede

289. Pietre vive

L'Azione Cattolica Ragazzi è una bella realtà, diffusa e operante in quasi tutte le diocesi d'Italia. Vi incoraggio a essere sempre nella Chiesa "pietre vive", per edificare la Chiesa, unite a Gesù. L'Azione Cattolica senza Gesù non serve, diventa una ONG, ce ne sono tante, non va. È un'altra cosa: essere pietre vive unite a Gesù!

20 dicembre 2013, discorso ai ragazzi dell'Azione Cattolica Italiana

290. La pensione

In modo particolare desidero esprimere la mia gratitudine a coloro che in questo periodo terminano il loro servizio e vanno in pensione. Sappiamo bene che come sacerdoti e Vescovi non si va mai in pensione, ma dall'ufficio sì, ed è giusto, anche per dedicarsi un po' di più alla preghiera e alla cura delle anime, incominciando dalla propria!

21 dicembre 2013, discorso alla Curia Romana per la tradizionale presentazione degli auguri natalizi

291. Famiglia e casa

Leggo lì, scritto grande: «I poveri non possono aspettare». È bello! E questo mi fa pensare che Gesù è nato in una stalla, non è nato in una casa. Dopo è dovuto fuggire, andare in Egitto per salvare la vita. Alla fine, è tornato a casa sua, a Nazareth. E io penso oggi, anche leggendo quella scritta, a tante famiglie senza casa, sia perché mai l'hanno avuta, sia perché l'hanno persa per tanti motivi. Famiglia e casa vanno insieme. È molto difficile portare avanti una famiglia senza abitare in una casa. In questi giorni di Natale, invito tutti – persone, entità sociali, autorità – a fare tutto il possibile perché ogni famiglia possa avere una casa.

*22 dicembre 2013, dopo l'*Angelus

292. Le tre venute del Signore

Il Signore viene due volte. [La prima è] quella che commemoriamo adesso, la nascita fisica. Poi verrà alla fine, a chiudere la storia. C'è una terza venuta del Signore: quella di ogni giorno. Il Signore ogni giorno visita la sua Chiesa! Visita ognuno di noi e anche la nostra anima entra in questa somiglianza: la nostra anima assomiglia alla Chiesa, la nostra anima assomiglia a Maria.

23 dicembre 2013, meditazione mattutina

293. Luci e ombre

Anche nella nostra storia personale si alternano momenti luminosi e oscuri, luci e ombre. Se amiamo Dio e i fratelli, camminiamo nella luce, ma se il nostro cuore si chiude, se prevalgono in noi l'orgoglio, la menzogna, la ricerca del proprio interesse, allora scendono le tenebre dentro di noi e intorno a noi. «Chi odia suo fratello», scrive l'apostolo Giovanni, «è nelle tenebre, cammina nelle tenebre e non sa dove va, perché le tenebre hanno accecato i suoi occhi» (1 Gv 2,11). Popolo in cammino, ma popolo pellegrino che non vuole essere popolo errante.

24 dicembre 2013, omelia

294. Gli ultimi che diventano primi

I pastori sono stati i primi a vedere questa "tenda", a ricevere l'annuncio della nascita di Gesù. Sono stati i primi perché erano tra gli ultimi, gli emarginati. E sono stati i primi perché vegliavano nella notte, facendo la guardia al loro gregge. È legge del pellegrino vegliare, e loro vegliavano. Con loro ci fermiamo davanti al Bambino, ci fermiamo in silenzio. Con loro ringraziamo il Signore di averci donato Gesù, e con loro lasciamo salire dal profondo del cuore la lode della sua fedeltà: Ti benediciamo, Signore Dio Altissimo, che ti sei abbassato per noi. Tu sei immenso, e ti sei fatto piccolo; sei ricco, e ti sei fatto povero; sei l'onnipotente, e ti sei fatto debole.

24 dicembre 2013, omelia

295. Non abbiamo paura della commozione

Cari fratelli e sorelle, in questo mondo, in questa umanità oggi è nato il Salvatore, che è Cristo Signore. Fermiamoci davanti al Bambino di Betlemme. Lasciamo che il nostro cuore si commuova: non abbiamo paura di questo. Non abbiamo paura che il nostro cuore si commuova! Abbiamo bisogno che il nostro cuore si commuova. Lasciamolo riscaldare dalla tenerezza di Dio; abbiamo bisogno delle sue carezze. Le carezze di Dio non fanno ferite: le carezze di Dio ci danno pace e forza. Abbiamo bisogno delle sue carezze. Dio è grande nell'amore, a Lui la lode e la gloria nei secoli! Dio è pace: chiediamogli che ci aiuti a costruirla ogni giorno, nella nostra vita, nelle nostre famiglie, nelle nostre città e nazioni, nel mondo intero. Lasciamoci commuovere dalla bontà di Dio.

25 dicembre 2013, messaggio Urbi et Orbi

296. La porta stretta della Croce

Nel martirio di Stefano si riproduce lo stesso confronto tra il bene e il male, tra l'odio e il perdono, tra la mitezza e la violenza, che ha avuto il suo culmine nella Croce di Cristo. La memoria del primo martire viene così, immediatamente, a dissolvere una falsa immagine del Natale: l'immagine fiabesca e sdolcinata, che nel Vangelo non esiste! La liturgia ci riporta al senso autentico dell'Incarnazione, collegando Betlemme al Calvario e ricordandoci che la salvezza divina implica la lotta al peccato, passa attraverso la porta stretta della Croce.

26 dicembre 2013, Angelus

297. Gli esiliati nascosti

Mentre fissiamo lo sguardo sulla Santa Famiglia di Nazareth nel momento in cui è costretta a farsi profuga, pensiamo al dramma di quei migranti e rifugiati che sono vittime del rifiuto e dello sfruttamento, che sono vittime della tratta delle persone e del lavoro schiavo. Ma pensiamo anche agli altri "esiliati": io li chiamerei "esiliati nascosti", quegli esiliati che possono esserci all'interno delle famiglie stesse: gli anziani, per esempio, che a volte vengono trattati come presenze ingombranti. Molte volte penso che un segno per sapere come va una famiglia è vedere come si trattano in essa i bambini e gli anziani.

29 dicembre 2013, Angelus

298. Dio è dove l'uomo sogna

Gesù ha voluto appartenere ad una famiglia che ha sperimentato queste difficoltà, perché nessuno si senta escluso dalla vicinanza amorosa di Dio. La fuga in Egitto a causa delle minacce di Erode ci mostra che Dio è là dove l'uomo è in pericolo, là dove l'uomo soffre, là dove scappa, dove sperimenta il rifiuto e l'abbandono; ma Dio è anche là dove l'uomo sogna, spera di tornare in patria nella libertà, progetta e sceglie per la vita e la dignità sua e dei suoi familiari.

29 dicembre 2013, Angelus

299. Le tre parole chiave per vivere in pace e con gioia in famiglia

Quest'oggi il nostro sguardo sulla Santa Famiglia si lascia attirare anche dalla semplicità della vita che essa conduce a Nazareth. È un esempio che fa tanto bene alle nostre famiglie, le aiuta a diventare sempre più comunità di amore e di riconciliazione, in cui si sperimenta la tenerezza, l'aiuto vicendevole, il perdono reciproco. Ricordiamo le tre parole chiave per vivere in pace e gioia in famiglia: permesso, grazie, scusa. Quando in una famiglia non si è invadenti e si chiede "permesso", quando in una famiglia non si è egoisti e si impara a dire "grazie", e quando in una famiglia uno si accorge che ha fatto una cosa brutta e sa chiedere "scusa", in quella famiglia c'è pace e c'è gioia. Ricordiamo queste tre parole. Ma possiamo ripeterle tutti insieme: permesso, grazie, scusa.

29 dicembre 2013, Angelus

300. Preghiera alla Santa Famiglia

Gesù, Maria e Giuseppe,
in voi contempliamo
lo splendore dell'amore vero,
a voi con fiducia ci rivolgiamo.

Santa Famiglia di Nazareth,
rendi anche le nostre famiglie
luoghi di comunione e cenacoli di preghiera,
autentiche scuole del Vangelo
e piccole Chiese domestiche.

Santa Famiglia di Nazareth,
mai più nelle famiglie si faccia esperienza
di violenza, chiusura e divisione:
chiunque è stato ferito o scandalizzato
conosca presto consolazione e guarigione.

Santa Famiglia di Nazareth,
il prossimo Sinodo dei Vescovi
possa ridestare in tutti la consapevolezza
del carattere sacro e inviolabile della famiglia,
la sua bellezza nel progetto di Dio.

Gesù, Maria e Giuseppe,
ascoltate, esaudite la nostra supplica. Amen.

*29 dicembre 2013, dopo l'*Angelus

301. Come abbiamo usato il tempo?

Mentre giunge al termine l'anno 2013, raccogliamo, come in una cesta, i giorni, le settimane, i mesi che abbiamo vissuto, per offrire tutto al Signore. E domandiamoci coraggiosamente: come abbiamo vissuto il tempo che Lui ci ha donato? Lo abbiamo usato soprattutto per noi stessi, per i nostri interessi, o abbiamo saputo spenderlo anche per gli altri? Quanto tempo abbiamo riservato per stare con Dio, nella preghiera, nel silenzio, nella adorazione?

31 dicembre 2013, omelia

302. Roma

Roma è una città di una bellezza unica. Il suo patrimonio spirituale e culturale è straordinario. Eppure, anche a Roma ci sono tante persone segnate da miserie materiali e morali, persone povere, infelici, sofferenti, che interpellano la coscienza di ogni cittadino. A Roma forse sentiamo più forte questo contrasto tra l'ambiente maestoso e carico di bellezza artistica e il disagio sociale di chi fa più fatica.

Roma è una città piena di turisti, ma anche piena di rifugiati. Roma è piena di gente che lavora, ma anche di persone che non trovano lavoro o svolgono lavori sottopagati e a volte indegni; e tutti hanno il diritto ad essere trattati con lo stesso atteggiamento di accoglienza e di equità, perché ognuno è portatore di dignità umana.

È l'ultimo giorno dell'anno. Che cosa faremo, come agiremo nel prossimo anno, per rendere un poco migliore la nostra città? La Roma dell'anno nuovo avrà un volto ancora più bello se sarà ancora più ricca di umanità, ospitale, accogliente; se tutti noi saremo attenti e generosi verso chi è in difficoltà; se sapremo collaborare con spirito costruttivo e solidale, per il bene di tutti. La Roma dell'anno nuovo sarà migliore se non ci saranno persone che la guardano "da lontano", in cartolina, che guardano la sua vita solo "dal balcone", senza coinvolgersi in tanti problemi umani, problemi di uomini e donne che, alla fine... e dal principio, lo vogliamo o no, sono nostri fratelli. In questa prospettiva, la Chiesa di Roma si sente impegnata a dare il proprio contributo alla vita e al futuro della città – è il suo dovere! –, si sente impegnata ad animarla con il lievito del Vangelo, ad essere segno e strumento della misericordia di Dio.

Questa sera concludiamo l'Anno del Signore 2013 ringraziando e anche chiedendo perdono. Le due cose insieme: ringraziare e chiedere perdono. Ringraziamo per tutti i benefici che Dio ci ha elargito, e soprattutto per la sua pazienza e la sua fedeltà, che si manifestano nel succedersi dei tempi, ma in modo singolare nella pienezza del tempo, quando «Dio mandò il suo Figlio, nato da donna» (*Gal* 4,4). La Madre di Dio, nel cui nome domani inizieremo un nuovo tratto del nostro pellegrinaggio terreno, ci insegni ad accogliere il Dio fatto uomo, perché ogni anno, ogni mese, ogni giorno sia colmo del suo eterno Amore. Così sia!

31 dicembre 2013, omelia

303. Maria sorgente di speranza

Il nostro cammino di fede è legato in modo indissolubile a Maria da quando Gesù, morente sulla Croce, ce l'ha donata come Madre dicendo: «Ecco tua madre!» (Gv 19,27). Queste parole hanno il valore di un testamento e danno al mondo una Madre. Da quel momento la Madre di Dio è diventata anche Madre nostra! Nell'ora in cui la fede dei discepoli veniva incrinata da tante difficoltà e incertezze, Gesù li affidava a Colei che era stata la prima a credere, e la cui fede non sarebbe mai venuta meno. E la "donna" diventa Madre nostra nel momento in cui perde il Figlio divino. Il suo cuore ferito si dilata per fare posto a tutti gli uomini, buoni e cattivi, tutti, e li ama come li amava Gesù. La donna che alle nozze di Cana di Galilea aveva dato la sua cooperazione di fede per la manifestazione delle meraviglie di Dio nel mondo, al calvario tiene accesa la fiamma della fede nella risurrezione del Figlio, e la comunica con affetto materno agli altri. Maria diventa così sorgente di speranza e di gioia vera!

1° gennaio 2014, omelia

304. È ora di fermarsi!

Alla base c'è la convinzione che siamo tutti figli dell'unico Padre celeste, facciamo parte della stessa famiglia umana e condividiamo un comune destino. Da qui deriva per ciascuno la responsabilità di operare affinché il mondo diventi una comunità di fratelli che si rispettano, si accettano nelle loro diversità e si prendono cura gli uni degli altri. Siamo anche chiamati a renderci conto delle violenze e delle ingiustizie presenti in tante parti del mondo e che non possono lasciarci indifferenti e immobili: c'è bisogno dell'impegno di tutti per costruire una società veramente più giusta e solidale. Ieri ho ricevuto una lettera di un signore, forse uno di voi, che mettendomi a conoscenza di una tragedia familiare, successivamente elencava tante tragedie e guerre oggi, nel mondo, e mi domandava: «Cosa succede nel cuore dell'uomo, che è portato a fare tutto questo?». E diceva, alla fine: «È ora di fermarsi». Anche io credo che ci farà bene fermarci in questa strada di violenza, e cercare la pace. Fratelli e sorelle, faccio mie le parole di quest'uomo: cosa succede nel cuore dell'uomo? Cosa succede nel cuore dell'umanità? È ora di fermarsi!

1° gennaio 2014, Angelus

305. Senza inquietudine siamo sterili

Bisogna cercare Dio per trovarlo, e trovarlo per cercarlo ancora e sempre. Solo questa inquietudine dà pace al cuore di un gesuita, una inquietudine anche apostolica, non ci deve far stancare di annunciare il *kerygma*, di evangelizzare con coraggio. È l'inquietudine che ci prepara a ricevere il dono della fecondità apostolica. Senza inquietudine siamo sterili.

3 gennaio 2014, omelia

306. Dio cammina con noi

Così Dio è Dio con noi, Dio che ci ama, Dio che cammina con noi. Questo è il messaggio di Natale: il Verbo si è fatto carne. Così il Natale ci rivela l'amore immenso di Dio per l'umanità. Da qui deriva anche l'entusiasmo, la speranza di noi cristiani, che nella nostra povertà sappiamo di essere amati, di essere visitati, di essere accompagnati da Dio; e guardiamo al mondo e alla storia come il luogo in cui camminare insieme con Lui e tra di noi, verso i cieli nuovi e la terra nuova. Con la nascita di Gesù è nata una promessa nuova, è nato un mondo nuovo, ma anche un mondo che può essere sempre rinnovato. Dio è sempre presente a suscitare uomini nuovi, a purificare il mondo dal peccato.

5 gennaio 2014, Angelus

307. Gesù non desiste

Il Verbo di Dio pianta la sua tenda tra noi, peccatori e bisognosi di misericordia. E tutti noi dovremmo affrettarci a ricevere la grazia che Egli ci offre. Invece, continua il Vangelo di san Giovanni, «i suoi non lo hanno accolto» (v. 11). Anche noi tante volte lo rifiutiamo, preferiamo rimanere nella chiusura dei nostri errori e nell'angoscia dei nostri peccati. Ma Gesù non desiste e non smette di offrire se stesso e la sua grazia che ci salva! Gesù è paziente, Gesù sa aspettare, ci aspetta sempre.

5 gennaio 2014, Angelus

308. La santa furbizia

Un aspetto della luce che ci guida nel cammino della fede è anche la santa "furbizia". È una virtù anche questa, la santa "furbizia". Si tratta di quella scaltrezza spirituale che ci consente di riconoscere i pericoli ed evitarli. I Magi seppero usare questa luce di “furbizia” quando, sulla via del ritorno, decisero di non passare dal palazzo tenebroso di Erode, ma di percorrere un’altra strada. Questi saggi venuti da Oriente ci insegnano come non cadere nelle insidie delle tenebre e come difenderci dall’oscurità che cerca di avvolgere la nostra vita. Loro, con questa santa “furbizia” hanno custodito la fede. E anche noi dobbiamo custodire la fede. Custodirla da quel buio. Ma, anche, tante volte, un buio travestito di luce! Perché il demonio, dice san Paolo, si veste da angelo di luce, alcune volte. E qui è necessaria la santa “furbizia”, per custodire la fede, custodirla dai canti delle Sirene, che ti dicono: «Guarda, oggi dobbiamo fare questo, quello...». Ma la fede è una grazia, è un dono. A noi tocca custodirla con questa santa “furbizia”, con la preghiera, con l’amore, con la carità. Occorre accogliere nel nostro cuore la luce di Dio e, nello stesso tempo, coltivare quella furbizia spirituale che sa coniugare semplicità ed astuzia, come chiede Gesù ai discepoli: «Siate prudenti come i serpenti e semplici come le colombe» (*Mt* 10,16).

6 gennaio 2014, omelia

309. Un duplice movimento

Questa festa ci fa vedere un duplice movimento: da una parte il movimento di Dio verso il mondo, verso l’umanità – tutta la storia della salvezza, che culmina in Gesù; e dall’altra parte il movimento degli uomini verso Dio – pensiamo alle religioni, alla ricerca della verità, al cammino dei popoli verso la pace, la pace interiore, la giustizia, la libertà. E questo duplice movimento è mosso da una reciproca attrazione. Da parte di Dio, che cosa lo attrae? È l'amore per noi: siamo suoi figli, ci ama, e vuole liberarci dal male, dalle malattie, dalla morte, e portarci nella sua casa, nel suo Regno. «Dio, per pura grazia, ci attrae per unirci a Sé» (Esort. ap. *Evangelii gaudium*, 112). E anche da parte nostra c'è un amore, un desiderio: il bene sempre ci attrae, la verità ci attrae, la vita, la felicità, la bellezza ci attrae... Gesù è il punto d'incontro di questa attrazione reciproca, di questo duplice movimento. È Dio e uomo: Gesù. Dio e uomo.

6 gennaio 2014, Angelus

310. Il Signore ci chiama

La *Chiesa* sta tutta *dentro questo movimento* di Dio verso il mondo: la sua gioia è il Vangelo, è riflettere la luce di Cristo. La Chiesa è il popolo di coloro che hanno sperimentato questa attrazione e la portano dentro, nel cuore nella vita. «Mi piacerebbe – sinceramente – mi piacerebbe dire a quelli che si sentono lontani da Dio e dalla Chiesa – dirlo rispettosamente – dire a quelli che sono timorosi e indifferenti: il Signore chiama anche te, ti chiama ad essere parte del suo popolo e lo fa con grande rispetto e amore!» (*Esort. ap. Evangelii gaudium*, 113). Il Signore ti chiama. Il Signore ti cerca. Il Signore ti aspetta. Il Signore non fa proselitismo, dà amore, e questo amore ti cerca, ti aspetta, te che in questo momento non credi o sei lontano. E questo è l'amore di Dio.

6 gennaio 2014, Angelus

311. Il cuore come un mercato rionale

Tante volte il nostro cuore, con tante cose che vanno e vengono, sembra un mercato rionale: di tutto, tu trovi di tutto lì... E no! Dobbiamo saggiare – questo è del Signore e questo non è – per rimanere nel Signore. Mettete alla prova gli spiriti per saggiare se provengono veramente da Dio, perché molti falsi profeti sono venuti nel mondo. Profeti o profezie o proposte: «Io ho voglia di far questo!». Ma questo non ti porta al Signore, ti allontana da Lui. Per questo è necessaria la vigilanza. Il cristiano è un uomo o una donna che sa vigilare il suo cuore.

7 gennaio 2014, meditazione mattutina

312. L'Iniziazione cristiana

Il Battesimo è il Sacramento su cui si fonda la nostra stessa fede e che ci innesta come membra vive in Cristo e nella sua Chiesa. Insieme all'Eucaristia e alla Confermazione forma la cosiddetta "Iniziazione cristiana", la quale costituisce come un unico, grande evento sacramentale che ci configura al Signore e fa di noi un segno vivo della sua presenza e del suo amore.

8 gennaio 2014, udienza generale

313. Nessuno può battezzarsi da sé

Una persona può battezzarsi da se stessa? Nessuno può battezzarsi da sé! Nessuno. Possiamo chiederlo, desiderarlo, ma abbiamo sempre bisogno di qualcuno che ci conferisca questo Sacramento nel nome del Signore.

8 gennaio 2014, udienza generale

314. L'amore non è quello delle telenovele

Noi in Dio e Dio in noi: questa è la vita cristiana. Non rimanere nello spirito del mondo, non rimanere nella superficialità, non rimanere nella idolatria, non rimanere nella vanità. No, no: rimanere nel Signore. E Lui contraccambia questo: Lui rimane in noi. Ma, primo, rimane Lui in noi. Tante volte lo cacciamo via e noi non possiamo rimanere in Lui. È lo Spirito quello che rimane.

[...]

Guardate che l'amore di cui parla Giovanni non è l'amore delle telenovele! No, è un'altra cosa. L'amore cristiano ha sempre una qualità: la concretezza. L'amore cristiano è concreto. Lo stesso Gesù, quando parla dell'amore, ci parla di cose concrete: dare da mangiare agli affamati, visitare gli ammalati e tante cose concrete.

9 gennaio 2014, meditazione mattutina

315. Il credo dei pappagalli

Tante volte siamo cristiani sconfitti. Ma la Chiesa è piena di cristiani sconfitti, che non credono in questo, che la fede è vittoria; che non vivono questa fede, perché se non si vive questa fede, c'è la sconfitta e vince il mondo, il principe del mondo. [...]

La fede è confessare Dio, ma il Dio che si è rivelato a noi, dal tempo dei nostri padri fino a ora; il Dio della storia. E questo è quello che tutti i giorni noi recitiamo nel Credo. E una cosa è recitare il Credo dal cuore e un'altra come pappagalli, no?

Credo, credo in Dio, credo in Gesù Cristo, credo… Io credo in quello che dico? Questa confessione di fede è vera o io la dico un po' a memoria, perché si deve dire? O credo a metà? Confessare la fede! Tutta, non una parte! Tutta!

10 gennaio 2014, meditazione mattutina

316. Preti farfalla, preti affaristi, preti imprenditori

Noi siamo unti dallo Spirito e quando un sacerdote si allontana da Gesù Cristo può perdere l'unzione. Nella sua vita, no: essenzialmente ce l'ha… ma la perde. E invece di essere unto finisce per essere untuoso. E quanto male fanno alla Chiesa i preti untuosi! Quelli che mettono la loro forza nelle cose artificiali, nelle vanità, in un atteggiamento… in un linguaggio lezioso… Ma, quante volte si sente dire con dolore: «Ma, questo è un prete-farfalla!», perché sempre è nelle vanità… Questo non ha il rapporto con Gesù Cristo! Ha perso l'unzione: è un untuoso. […]

Noi sacerdoti abbiamo tanti limiti: siamo peccatori, tutti. Ma se andiamo da Gesù Cristo, se cerchiamo il Signore nella preghiera – la preghiera di intercessione, la preghiera di adorazione – siamo buoni sacerdoti, benché siamo peccatori. Ma se ci allontaniamo da Gesù Cristo, dobbiamo compensare questo con altri atteggiamenti… mondani. E così, tutte queste figure… anche il prete-affarista, il prete-imprenditore… Ma il prete che adora Gesù Cristo, il prete che parla con Gesù Cristo, il prete che cerca Gesù Cristo e che si lascia cercare da Gesù Cristo: questo è il centro della nostra vita. Se non c'è questo, perdiamo tutto. E cosa daremo alla gente? […]

È bello trovare preti che hanno dato la loro vita come sacerdoti, davvero, e di cui la gente dice: «Ma, sì, ha un caratteraccio, ha questo, ha quello... ma è un prete!». E la gente ha il fiuto! Invece, quando la gente vede i preti – per dire una parola – idolatri, che invece di avere Gesù, hanno i piccoli idoli... alcuni devoti del "dio Narciso", anche... Quando la gente vede questi, la gente dice: «Poveraccio!». Quello che ci salva dalla mondanità e dall'idolatria che ci fa untuosi, quello che ci conserva nella unzione, è il rapporto con Gesù Cristo. E oggi, a voi che avete avuto la gentilezza di venire a concelebrare qui, con me, auguro questo: ma perdete tutto nella vita, ma non perdete questo rapporto con Gesù Cristo! Questa è la vostra vittoria. E avanti, con questo!

11 gennaio 2014, meditazione mattutina

317. Il coro più bello

Questi bambini sono l'anello di una catena. Voi genitori avete il bambino o la bambina da battezzare, ma tra alcuni anni saranno loro che avranno un bambino da battezzare, o un nipotino... È così la catena della fede! Cosa vuol dire questo? Io vorrei soltanto dirvi questo: voi siete coloro che trasmettono la fede, i trasmettitori; voi avete il dovere di trasmettere la fede a questi bambini. È la più bella eredità che voi lascerete loro: la fede! Soltanto questo. Oggi portate a casa questo pensiero. Noi dobbiamo essere trasmettitori della fede. Pensate a questo, pensate sempre come trasmettere la fede ai bambini.

Oggi canta il coro, ma il coro più bello è questo dei bambini, che fanno rumore... Alcuni piangeranno, perché non sono comodi o perché hanno fame: se hanno fame, mamme, date loro da mangiare, tranquille, perché loro sono qui i protagonisti. E adesso, con questa consapevolezza di essere trasmettitori della fede, continuiamo la cerimonia del Battesimo.

12 gennaio 2014, omelia

318. Un supplemento di condivisione e di amore

Non vi sembra che nel nostro tempo ci sia bisogno di un supplemento di condivisione fraterna e di amore? Non vi sembra che abbiamo tutti bisogno di un supplemento di carità? Non quella che si accontenta dell'aiuto estemporaneo che non coinvolge, non mette in gioco, ma quella carità che condivide, che si fa carico del disagio e della sofferenza del fratello. Quale sapore acquista la vita, quando ci si lascia inondare dall'amore di Dio!

12 gennaio 2014, Angelus

319. L'amore artigianale di Dio

Perché il nostro razionalismo dice: "Ma come il Signore, con tante persone che ha, pensa a me? Ma ha preparato la strada a me!". Con le nostre mamme, le nostre nonne, i nostri padri, i nostri nonni e bisnonni… Il Signore fa così. È questo il suo amore: concreto, eterno e anche artigianale. Preghiamo, chiedendo questa grazia di capire l'amore di Dio. Ma non si capisce mai! Si sente, si piange, ma capirlo di qua, non si capisce. Anche questo ci dice quanto grande è questo amore. Il Signore che ci prepara da tempo, cammina con noi, preparando gli altri. È sempre con noi! Chiediamo la grazia di capire col cuore questo grande amore.

13 gennaio 2014, meditazione mattutina

320. Anziani e giovani sono la speranza dell'umanità

Capita, inoltre, che gli anziani siano considerati un peso, mentre i giovani non vedono davanti a sé prospettive certe per la loro vita. Anziani e giovani, al contrario, sono la speranza dell'umanità. I primi apportano la saggezza dell'esperienza; i secondi ci aprono al futuro, impedendo di chiuderci in noi stessi (cfr. Esort. ap. *Evangelii gaudium*, 108). È saggio non emarginare gli anziani dalla vita sociale per mantenere viva la memoria di un popolo. Parimenti, è bene investire sui giovani, con iniziative adeguate che li aiutino a trovare lavoro e a fondare un focolare domestico.

13 gennaio 2014, discorso ai membri dell'Eccellentissimo Corpo Diplomatico accreditato presso la Santa Sede

321. La trasparenza evangelica

Gesù è come il buon samaritano che guarisce le ferite della vita. Gesù è l'intercessore che va solo a pregare in montagna per la gente, e dà la vita per la gente. Gesù vuole che la gente si avvicini e la cerca; e si sente commosso quando la vede come pecore senza pastore. E tutto questo atteggiamento è quello che la gente definisce un atteggiamento nuovo. No, non è nuovo l'insegnamento, è il modo di farlo nuovo. La trasparenza evangelica.

14 gennaio 2014, meditazione mattutina

322. La grazia

Come di generazione in generazione si trasmette la vita, così anche di generazione in generazione, attraverso la rinascita dal fonte battesimale, si trasmette la grazia, e con questa grazia il popolo cristiano cammina nel tempo, come un fiume che irriga la terra e diffonde nel mondo la benedizione di Dio.

15 gennaio 2014, udienza generale

323. Il Battesimo ci rende discepoli missionari

In virtù del Battesimo noi diventiamo *discepoli missionari*, chiamati a portare il Vangelo nel mondo (cfr. Esort. ap. *Evangelii gaudium*, 120). «Ciascun battezzato, qualunque sia la sua funzione nella Chiesa e il grado di istruzione della sua fede, è un soggetto attivo di evangelizzazione...».

15 gennaio 2014, udienza generale

324. La vergogna della Chiesa

Ma ci vergogniamo? Tanti scandali che io non voglio menzionare singolarmente, ma tutti ne sappiamo... Sappiamo dove sono! Scandali, alcuni che hanno fatto pagare tanti soldi: sta bene! Si deve fare così... La vergogna della Chiesa! Ma ci siamo vergognati di quegli scandali, di quelle sconfitte di preti, di Vescovi, di laici? La Parola di Dio in quegli scandali era rara; in quegli uomini e in quelle donne la Parola di Dio era rara! Non avevano un legame con Dio! Avevano una posizione nella Chiesa, una posizione di potere, anche di comodità. Ma la Parola di Dio, no! «Ma, io porto una medaglia»; «Io porto la Croce». Sì, come questi portavano l'arca! Senza il rapporto vivo con Dio e con la Parola di Dio! Mi viene in mente quella Parola di Gesù per quelli per i quali vengono gli scandali... E qui lo scandalo è venuto: tutta una decadenza del popolo di Dio, fino alla debolezza, alla corruzione dei sacerdoti.

16 gennaio 2014, meditazione mattutina

325. Il vero padrone di casa

Domandiamoci: di chi è la Casa Pontificia? Chi è il padrone di questa Casa? La Casa Pontificia è di tutti i membri della Chiesa Cattolica, che qui sperimentano ospitalità, calore familiare e sostegno per la loro fede. E il vero Padrone di casa è il Signore.

16 gennaio 2014, saluto agli addetti di Anticamera, con i loro familiari

326. L'ecumenismo

L'ecumenismo è infatti un processo spirituale, che si realizza nell'obbedienza fedele al Padre, nel compimento della volontà di Cristo e sotto la guida dello Spirito Santo.

17 gennaio 2014, discorso alla Delegazione Ecumenica dalla Finlandia

327. Il livello etico della comunicazione

La qualità etica della comunicazione è frutto, in ultima analisi, di coscienze attente, non superficiali, sempre rispettose delle persone, sia di quelle che sono oggetto di informazione, sia dei destinatari del messaggio. Ciascuno, nel proprio ruolo e con la propria responsabilità, è chiamato a vigilare per tenere alto il livello etico della comunicazione, ed evitare quelle cose che fanno tanto male: la disinformazione, la diffamazione e la calunnia. Mantenere il livello etico.

18 gennaio 2014, discorso ai dipendenti della RAI *e alle loro famiglie*

328. Le sofferenze dei migranti

In questo momento pensiamo ai tanti migranti, tanti rifugiati, alle loro sofferenze, alla loro vita, tante volte senza lavoro, senza documenti, tanto dolore; e possiamo tutti insieme rivolgere una preghiera per i migranti e i rifugiati che vivono situazioni più gravi e più difficili: Ave Maria...

*19 gennaio 2014, dopo l'*Angelus

329. Il rapporto del Signore con il suo popolo è personale

Il rapporto del Signore con il suo popolo è un rapporto personale, sempre. Da persona a persona: lui è il Signore e il popolo ha un nome. Le persone hanno un nome. Non è un dialogo fra il potente e la massa.

21 gennaio 2014, meditazione mattutina

330. I deboli per confondere i potenti

Tu, Signore, che scegli i deboli e i miti per confondere i potenti della terra...

21 gennaio 2014, meditazione mattutina

331. Custodire la piccolezza

L'umiltà, la mitezza, la mansuetudine sono tanto importanti nella vita del cristiano, perché è una custodia della piccolezza, alla quale piace guardare il Signore.

E sarà sempre il dialogo fra la nostra piccolezza e la grandezza del Signore. Ci dia il Signore, per intercessione di san Davide – anche per intercessione della Madonna che cantava gioiosa a Dio, perché aveva guardato la sua umiltà – ci dia il Signore la grazia di custodire la nostra piccolezza davanti a Lui.

21 gennaio 2014, meditazione mattutina

332. Il coraggio della felicità

Se veramente fate emergere le aspirazioni più profonde del vostro cuore, vi renderete conto che in voi c'è un desiderio inestinguibile di felicità, e questo vi permetterà di smascherare e respingere le tante offerte "a basso prezzo" che trovate intorno a voi.

Quando cerchiamo il successo, il piacere, l'avere in modo egoistico e ne facciamo degli idoli, possiamo anche provare momenti di ebbrezza, un falso senso di appagamento; ma alla fine diventiamo schiavi, non siamo mai soddisfatti, siamo spinti a cercare sempre di più. È molto triste vedere una gioventù "sazia", ma debole.

21 gennaio 2014, messaggio per la Giornata Mondiale della Gioventù 2014

333. Le divisioni sono uno scandalo

Certamente Cristo non è stato diviso. Ma dobbiamo riconoscere sinceramente e con dolore che le nostre comunità continuano a vivere divisioni che sono di scandalo. Le divisioni fra noi cristiani sono uno scandalo. Non c'è un'altra parola: uno scandalo.

22 gennaio 2014, udienza generale

334. Le divisioni svuotano la Croce della sua potenza

Le divisioni invece indeboliscono la credibilità e l'efficacia del nostro impegno di evangelizzazione e rischiano di svuotare la Croce della sua potenza.

22 gennaio 2014, udienza generale

335. Trovare nell'altro un fratello da abbracciare

Oggi si apre a Montreux, in Svizzera, una Conferenza internazionale di sostegno alla pace in Siria, alla quale faranno seguito i negoziati che si svolgeranno a Ginevra a partire dal 24 gennaio corrente. Prego il Signore che tocchi i cuori di tutti perché, cercando unicamente il maggior bene del popolo siriano, tanto provato, non risparmino alcuno sforzo per giungere con urgenza alla cessazione della violenza e alla fine del conflitto, che ha causato già troppe sofferenze. Auspico alla cara nazione siriana un cammino deciso di riconciliazione, di concordia e di ricostruzione con la partecipazione di tutti i cittadini, dove ognuno possa trovare nell'altro non un nemico, non un concorrente, ma un fratello da accogliere a da abbracciare.

22 gennaio 2014, appello

336. La gelosia è un'inquietudine cattiva

La gelosia nei nostri cuori è un'inquietudine cattiva, che non tollera che un fratello o una sorella abbia qualcosa che io non ho. [Saul] invece di lodare Dio, come facevano le donne d'Israele, per questa vittoria, preferisce chiudersi in se stesso, rammaricarsi e cucinare i suoi sentimenti nel brodo dell'amarezza.

23 gennaio 2014, meditazione mattutina

337. La persona invidiosa non sa cantare

La persona invidiosa, la persona gelosa è una persona amara: non sa cantare, non sa lodare, non sa cosa sia la gioia, sempre guarda "che cosa ha quello che io non ho".

23 gennaio 2014, meditazione mattutina

338. Le chiacchiere sono armi del diavolo

[Quando non si] tollera che quello abbia qualcosa, la soluzione è abbassare l'altro, perché io sia un po' alto. E lo strumento sono le chiacchiere. Cerca sempre e vedrai che dietro una chiacchiera c'è la gelosia e c'è l'invidia. E le chiacchiere dividono la comunità, distruggono la comunità. Sono le armi del diavolo.

23 gennaio 2014, meditazione mattutina

339. L'invidia uccide

Una persona che è sotto l'influsso dell'invidia e della gelosia uccide. [...] Giovanni l'Apostolo ci ha detto: chi odia suo fratello è un omicida. E l'invidioso, il geloso, incomincia a odiare il fratello.

23 gennaio 2014, meditazione mattutina

340. Umiltà e mitezza indispensabili per il dialogo

L'umiltà, la mitezza... Per dialogare, è necessario fare quello che abbiamo chiesto oggi nella preghiera, all'inizio della Messa: farsi tutto a tutti. Umiltà, mitezza, farsi tutto a tutti e anche – però non è scritto nella Bibbia – tutti sappiamo che per fare queste cose bisogna ingoiare tanti rospi. Ma, dobbiamo farlo, perché la pace si fa così: con l'umiltà, l'umiliazione, cercando sempre di vedere nell'altro l'immagine di Dio.

24 gennaio 2014, meditazione mattutina

341. Ponti, non muri

Io ho paura di questi muri, di questi muri che crescono ogni giorno e favoriscono i risentimenti. Anche l'odio. [...] Oggi, possiamo chiedere a san Francesco di Sales, Dottore della dolcezza, che dia a tutti noi la grazia di fare ponti con gli altri, mai muri.

24 gennaio 2014, meditazione mattutina

342. I requisiti del buon giudice: maturità umana

Al giudice è richiesta una maturità umana che si esprime nella serenità di giudizio e nel distacco da vedute personali. Fa parte anche della maturità umana la capacità di calarsi nella mentalità e nelle legittime aspirazioni della comunità in cui si svolge il servizio. Così egli si farà interprete di quell'animus communitatis che caratterizza la porzione di popolo di Dio destinataria del suo operato e potrà praticare una giustizia non legalistica e astratta, ma adatta alle esigenze della realtà concreta. Di conseguenza, non si accontenterà di una conoscenza superficiale della realtà delle persone che attendono il suo giudizio, ma avvertirà la necessità di entrare in profondità nella situazione delle parti in causa, studiando a fondo gli atti e tutti gli elementi utili per il giudizio.

24 gennaio 2014, discorso agli Ufficiali del Tribunale della Rota Romana

343. I requisiti del buon giudice: obiettività di giudizio ed equità

Oltre ai requisiti di dottrina giuridica e teologica, nell'esercizio del suo ministero il giudice si caratterizza per la perizia nel diritto, l'obiettività di giudizio e l'equità, giudicando con imperturbabile e imparziale equidistanza.

24 gennaio 2014, discorso agli Ufficiali del Tribunale della Rota Romana

344. I requisiti del buon giudice: spirito di servizio

Al giudice è richiesta non soltanto provata competenza, ma anche genuino spirito di servizio. Egli è il servitore della giustizia, chiamato a trattare e giudicare la condizione dei fedeli che con fiducia si rivolgono a lui, imitando il Buon Pastore che si prende cura della pecorella ferita.

24 gennaio 2014, discorso agli Ufficiali del Tribunale della Rota Romana

345. Siate essenzialmente pastori

Il vostro ministero, cari giudici e operatori del Tribunale della Rota Romana, vissuto nella gioia e nella serenità che vengono dal lavorare là dove il Signore ci ha posti, è un servizio peculiare a Dio Amore, che è vicino ad ogni persona. Siete essenzialmente pastori. Mentre svolgete il lavoro giudiziario, non dimenticate che siete pastori! Dietro ogni pratica, ogni posizione, ogni causa, ci sono persone che attendono giustizia.

24 gennaio 2014, discorso agli Ufficiali del Tribunale della Rota Romana

346. Una presenza femminile più capillare nella Chiesa

Ho ricordato l'indispensabile apporto della donna nella società, in particolare con la sua sensibilità e intuizione verso l'altro, il debole e l'indifeso; mi sono rallegrato nel vedere molte donne condividere alcune responsabilità pastorali con i sacerdoti nell'accompagnamento di persone, famiglie e gruppi, come nella riflessione teologica; ed ho auspicato che si allarghino gli spazi per una presenza femminile più capillare ed incisiva nella Chiesa.

25 gennaio 2014, discorso al congresso promosso dal Centro Italiano Femminile

347. Le doti femminili come punto di forza

Le doti di delicatezza, peculiare sensibilità e tenerezza, di cui è ricco l'animo femminile, rappresentano non solo una genuina forza per la vita delle famiglie, per l'irradiazione di un clima di serenità e di armonia, ma una realtà senza la quale la vocazione umana sarebbe irrealizzabile.

25 gennaio 2014, discorso al congresso promosso dal Centro Italiano Femminile

348. L'apporto del genio femminile

Se nel mondo del lavoro e nella sfera pubblica è importante l'apporto più incisivo del genio femminile, tale apporto rimane imprescindibile nell'ambito della famiglia, che per noi cristiani non è semplicemente un luogo privato, ma quella "Chiesa domestica", la cui salute e prosperità è condizione per la salute e prosperità della Chiesa e della società stessa.

25 gennaio 2014, discorso al congresso promosso dal Centro Italiano Femminile

349. Dio preferisce partire dalla periferia

Gesù ci insegna che nessuno è escluso dalla salvezza di Dio, anzi, che Dio preferisce partire dalla periferia, dagli ultimi, per raggiungere tutti.

26 gennaio 2014, Angelus

350. Per Cocò Campolongo

Oggi ci sono tanti bambini in piazza! Tanti! Anche con loro vorrei rivolgere un pensiero a Cocò Campolongo, che a tre anni è stato bruciato in macchina a Cassano allo Jonio. Questo accanimento su un bambino così piccolo sembra non avere precedenti nella storia della criminalità. Preghiamo con Cocò, che sicuro è con Gesù in cielo, per le persone che hanno fatto questo reato, perché si pentano e si convertano al Signore.

*26 gennaio 2014, dopo l'*Angelus

351. L'anelito insopprimibile alla fraternità

Nei prossimi giorni, milioni di persone, che vivono nell'Estremo Oriente o sparse in varie parti del mondo, tra cui cinesi, coreani e vietnamiti, celebrano il capodanno lunare. A tutti loro auguro un'esistenza colma di gioia e di speranza. L'anelito insopprimibile alla fraternità, che alberga nel loro cuore, trovi nell'intimità della famiglia il luogo privilegiato dove possa essere scoperto, educato e realizzato. Sarà questo un prezioso contributo alla costruzione di un mondo più umano, in cui regna la pace.

*26 gennaio 2014, dopo l'*Angelus

352. Grazie ai Vescovi e preti coraggiosi

«Ma, padre, io ho letto su un giornale che un Vescovo ha fatto tal cosa o che un prete ha fatto tal cosa!». «Eh sì, anche io l'ho letto, ma, dimmi, sui giornali vengono le notizie di quello che fanno tanti sacerdoti, tanti preti in tante parrocchie di città e di campagna, tanta carità che fanno, tanto lavoro che fanno per portare avanti il loro popolo?». Ah, no! Questa non è notizia. Eh, quello di sempre: fa più rumore un albero che cade, che una foresta che cresce. Oggi pensando a questa unzione di Davide, ci farà bene pensare ai nostri Vescovi e ai nostri preti coraggiosi, santi, buoni, fedeli e pregare per loro. Grazie a loro oggi noi siamo qui!

27 gennaio 2014, meditazione mattutina

353. La Confermazione

Comunemente si parla di Sacramento della "Cresima", parola che significa "unzione". E, in effetti, attraverso l'olio detto "sacro Crisma" veniamo conformati, nella potenza dello Spirito, a Gesù Cristo, il quale è l'unico vero "unto", il "Messia", il Santo di Dio. Il termine "Confermazione" ci ricorda poi che questo Sacramento apporta una crescita della grazia battesimale: ci unisce più saldamente a Cristo; porta a compimento il nostro legame con la Chiesa; ci accorda una speciale forza dello Spirito Santo per diffondere e difendere la fede, per confessare il nome di Cristo e per non vergognarci mai della sua Croce.

29 gennaio 2014, udienza generale

354. I sette doni dello Spirito Santo

La Confermazione, come ogni Sacramento, non è opera degli uomini, ma di Dio, il quale si prende cura della nostra vita in modo da plasmarci ad immagine del suo Figlio, per renderci capaci di amare come Lui. Egli lo fa infondendo in noi il suo Spirito Santo, la cui azione pervade tutta la persona e tutta la vita, come traspare dai sette doni che la Tradizione, alla luce della Sacra Scrittura, ha sempre evidenziato. [...] Quali sono questi doni? La Sapienza, l'Intelletto, il Consiglio, la Fortezza, la Scienza, la Pietà e il Timore di Dio. E questi doni ci sono dati proprio con lo Spirito Santo nel Sacramento della Confermazione. A questi doni intendo poi dedicare le catechesi che seguiranno quelle sui Sacramenti.

29 gennaio 2014, udienza generale

355. La tentazione è il pane nostro di ogni giorno

A tutti noi può accadere questa cosa. Tutti siamo peccatori e tutti siamo tentati e la tentazione è il pane nostro di ogni giorno. Se qualcuno di noi dicesse: «Ma io mai ho avuto tentazioni», o sei un cherubino o sei un po' scemo, no?

31 gennaio 2014, meditazione mattutina

356. La nostra vita come dono generoso

Tutti siamo chiamati ad offrirci al Padre con Gesù e come Gesù, facendo della nostra vita un dono generoso, nella famiglia, nel lavoro, nel servizio alla Chiesa, nelle opere di misericordia.

2 febbraio 2014, Angelus

357. La difesa e la promozione della vita

Rivolgo il mio saluto e il mio incoraggiamento alle associazioni, ai movimenti e ai centri culturali impegnati nella difesa e promozione della vita. Mi unisco ai Vescovi italiani nel ribadire che «ogni figlio è volto del Signore amante della vita, dono per la famiglia e per la società» (*Messaggio per la* XXXVI *Giornata Nazionale per la Vita*). Ognuno, nel proprio ruolo e nel proprio ambito, si senta chiamato ad amare e servire la vita, ad accoglierla, rispettarla e promuoverla, specialmente quando è fragile e bisognosa di attenzioni e di cure, dal grembo materno fino alla sua fine su questa terra.

*2 febbraio 2014, dopo l'*Angelus

358. Non usare Dio

Davide [...] per difendersi non usa né Dio né il suo popolo [...]. Un re peccatore, ma anche un re con questo amore tanto grande: era tanto attaccato al suo Dio e tanto attaccato al suo popolo e non usa per difendersi né Dio né il suo popolo. Nei momenti brutti della vita accade che forse nella disperazione uno cerchi di difendersi come può e anche di usare Dio e di usare la gente. Lui no, il primo atteggiamento è quello: non usare Dio e il suo popolo.

3 febbraio 2014, meditazione mattutina

359. L'atteggiamento penitenziale

Davide accetta di essere in lutto e piange. Noi, quando accade una cosa del genere nella nostra vita cerchiamo sempre – è un istinto che abbiamo – di giustificarci. Davide non si giustifica, è realista, cerca di salvare l'arca di Dio, il suo popolo, e fa penitenza per quella strada. È un grande: un grande peccatore e un grande santo. Come vanno insieme queste due cose... Dio lo sa!

3 febbraio 2014, meditazione mattutina

360. Gli atteggiamenti del buon cristiano

È bello sentire questo e vedere questi tre atteggiamenti: un uomo che ama Dio, ama il suo popolo e non lo negozia; un uomo che si sa peccatore e fa penitenza; un uomo che è sicuro del suo Dio e si affida a Lui.

3 febbraio 2014, meditazione mattutina

361. Il padre ha bisogno del figlio

Il padre ha come un'unzione che viene dal figlio: non può capire se stesso senza il figlio! E per questo ha bisogno del figlio: lo aspetta, lo ama, lo cerca, lo perdona, lo vuole vicino a sé, tanto vicino come la gallina vuole i suoi pulcini.

4 febbraio 2014, meditazione mattutina

362. L'Eucaristia

Quello che vediamo quando ci raduniamo per celebrare l'Eucaristia, la Messa, ci fa già intuire che cosa stiamo per vivere. Al centro dello spazio destinato alla celebrazione si trova l'altare, che è una mensa, ricoperta da una tovaglia, e questo ci fa pensare ad un banchetto. Sulla mensa c'è una Croce, ad indicare che su quell'altare si offre il sacrificio di Cristo: è Lui il cibo spirituale che lì si riceve, sotto i segni del pane e del vino. Accanto alla mensa c'è l'ambone, cioè il luogo da cui si proclama la Parola di Dio: e questo indica che lì ci si raduna per ascoltare il Signore che parla mediante le Sacre Scritture, e dunque il cibo che si riceve è anche la sua Parola.

5 febbraio 2014, udienza generale

363. Entrare con cortesia nella vita dell'altro

È gentile poter entrare nella vita di qualcun altro con rispetto e attenzione. Bisogna imparare a chiedere: posso far questo? Chiedere permesso significa saper entrare con cortesia nella vita degli altri. Sappiate che la cortesia è una delle proprietà di Dio e la cortesia è sorella della carità, la quale spegne l'odio e conserva l'amore.

14 febbraio 2014, discorso ai fidanzati che si preparano al matrimonio

364. Anche le parole possono uccidere

«Avete inteso che fu detto agli antichi: "Non ucciderai". Ma io vi dico: chiunque si adira con il proprio fratello dovrà essere sottoposto al giudizio» (vv. 21-22). Con questo, Gesù ci ricorda che anche le parole possono uccidere! Quando si dice di una persona che ha la lingua di serpente, cosa si vuol dire? Che le sue parole uccidono! Pertanto, non solo non bisogna attentare alla vita del prossimo, ma neppure riversare su di lui il veleno dell'ira e colpirlo con la calunnia. Neppure sparlare su di lui. Arriviamo alle chiacchiere: le chiacchiere, pure, possono uccidere, perché uccidono la fama delle persone! È tanto brutto chiacchierare! All'inizio può sembrare una cosa piacevole, anche divertente, come succhiare una caramella. Ma alla fine, ci riempie il cuore di amarezza, e avvelena anche noi. Vi dico la verità, sono convinto che se ognuno di noi facesse il proposito di evitare le chiacchiere, alla fine diventerebbe santo! È una bella strada!

16 febbraio 2014, Angelus

365. A Maria

Aiuta, o Madre, la nostra fede!

Apri il nostro ascolto alla Parola, perché riconosciamo la voce di Dio e la sua chiamata.

Sveglia in noi il desiderio di seguire i suoi passi, uscendo dalla nostra terra e accogliendo la tua promessa.

Aiutaci a lasciarci toccare dal suo amore, perché possiamo toccarlo con la fede.

Aiutaci ad affidarci pienamente a Lui, a credere nel suo amore, soprattutto nei momenti di tribolazione e di Croce, quando la nostra fede è chiamata a maturare.

Semina nella nostra fede la gioia del Risorto.

Ricordaci che chi crede non è mai solo.

Insegnaci a guardare con gli occhi di Gesù, affinché Egli sia luce sul nostro cammino. E che questa luce della fede cresca sempre in noi, finché arrivi quel giorno senza tramonto, che è lo stesso Cristo, il Figlio tuo, nostro Signore!

29 giugno 2013, Enciclica Lumen Fidei

INDICE DELLE PAROLE CHIAVE

Accademia, 10
Agricoltura, 124
Amore, *passim*
Anziani, 30, 43, 71, 81, 82, 117, 127, 131, 135, 141, 156, 167, 182

Bambini, *passim*
Battesimo, 43, 120, 147, 177, 181, 183

Carriera ecclesiastica, 58, 64
Chiacchiere, 52, 75, 189
Chiesa, *passim*
Condivisione, 59, 65-68, 181
Confessione, 45, 127, 128, 133
Controcorrente, 71, 86, 151
Corrotti, 52, 68
Coscienza, 73, 121, 122, 170
Creazione, 97, 98, 109, 131, 155
Cresima, 30, 194
Cristiani, *passim*
Croce, *passim*
Custodire, 30, 31, 98, 175, 186

Dio, *passim*

Ebrei, 124, 140, 141
Ecumenismo, 184
Egoismo, 23, 70, 87, 88, 92, 98, 134, 135
Eucaristia, 68, 177, 198

Famiglia, *passim*
Fede, *passim*
Fortezza, 31, 92, 148, 195
Francesco, 21, 30, 107-109, 190

Gelosia, 136, 188, 189
Gesù Cristo, *passim*
Gioia, *passim*
Giovani, *passim*
Giustizia, 92, 102, 113, 128, 143, 160, 175, 190, 191
Grazia, *passim*
Gregge, 34, 41, 52, 59, 95, 166
Guerra, 68, 94, 98, 99, 109, 144

Ideali, 44, 104, 136
Idoli, 41, 98, 106, 140, 180, 186
Inquietudine, 94-96, 173, 188
Invidia, 31, 189

Lampedusa, 76, 77
Lavoratore, 31, 44
Libertà, 36, 49, 54, 73, 145-47, 151, 154, 157, 168, 175

Madonna, 26, 30, 61, 62, 97, 107, 186
Mamma, 61, 62, 74, 95, 103, 127, 159, 161
Maria, *passim*
Matrimonio, 107
Migranti, 167, 185
Miracolo, 56, 67, 68, 97, 161
Misericordia, *passim*
Missionari, 75, 76, 82, 116, 133, 150, 183
Missione, 55, 74, 75, 86, 131, 149, 151
Mondanità, 105, 135, 136, 180
Musulmani, 76, 90, 100

Nonni, 84, 115, 127, 181

Omelia, 137

Pace, *passim*
Papa, *passim*
Pastore, 58, 100, 101, 123, 149, 182, 191
Paura, *passim*
Pazienza, 23, 29, 38, 39, 48, 60, 84, 100, 106, 146, 171
Peccato, *passim*
Pecore, 34, 51, 100, 101, 191
Perdono, *passim*
Persone, *passim*
Pessimismo, 80
Politici, 138
Preghiera, *passim*
Presenza femminile, 192
Prete, 34, 35, 51, 74, 179, 180, 194
Puglisi, 63

Risurrezione, 152

Sacerdoti, 24, 59, 71, 83, 86, 107, 128, 133, 151, 164, 179, 180, 184, 192, 194
Salvatore, 37, 166
Salvezza, 37, 40, 53, 69, 93, 117, 121, 146, 159, 167, 175, 193
Santi, 33, 119, 120, 155, 194
Santità, 46, 47, 59, 112, 113, 117, 120, 144, 156
Semplicità, 47, 115, 168, 175
Servizio, *passim*
Sofferenza, 76, 94, 144, 156, 161, 181
Solidarietà, 44, 66, 77, 94, 124, 137, 138

Speranza, *passim*
Spirito Santo, *passim*
Sport, 130
Suora, 65, 71, 74, 107

Tangenti, 123
Tenerezza, *passim*
Tratta, 139, 160

Umiltà, 45, 83, 103, 108, 144, 163, 186, 189
Unzione, 180, 194

Vangelo, *passim*
Verità, 45, 60, 68, 69, 72, 73, 92, 94, 151, 156, 175, 176
Vita, *passim*

INDICE

p. 7 *Introduzione* di Santino Spartà

365 GIORNI CON TE

21 1. Francesco, l'uomo della pace
22 2. Voglio credere in Dio Padre
24 3. La preghiera delle cinque dita
25 4. Il Papa venuto dalla fine del mondo
27 5. Chiesa o ONG assistenziale?
27 6. Il coraggio di camminare con la Croce
27 7. La sede della sapienza della vita
28 8. Non stanchiamoci di chiedere perdono
29 9. Un padre paziente
30 10. Dio non si stanca di perdonarci
30 11. La vocazione del custodire
31 12. Non abbiate paura della tenerezza
32 13. Aprire il cuore all'amore
32 14. Non siate tristi!
32 15. Un cuore giovane
33 16. Gioia, Croce, giovani

p. 33 17. La bellezza del perdono
33 18. Quando "spelliamo" l'altro siamo come Giuda
34 19. Prete mediatore o intermediario?
34 20. Pastori con l'odore delle pecore
35 21. Al vostro servizio
35 22. Non rassegniamoci mai
36 23. L'oggi eterno
36 24. Accetta Gesù
36 25. Dalla schiavitù del male alla libertà dell'amore
36 26. Il deserto che è dentro di noi
37 27. Gli occhiali per vedere Gesù
37 28. Gesù è l'unico salvatore
37 29. Negoziare la fede
38 30. La pazienza di Gesù 1
38 31. La pazienza di Gesù 2
38 32. La pazienza di Gesù 3
39 33. Un dialogo che dà speranza
39 34. Non abbiate paura di essere cristiani!
40 35. La salvezza dell'amore
40 36. Il Signore non ha la bacchetta magica
40 37. Non bisogna truccare la vita
41 38. La volontà di Dio è la guida
41 39. Gli idoli nascosti
42 40. La Chiesa babysitter
42 41. Gesù è un capocordata
42 42. La Parola di Dio non è vostra proprietà
43 43. Non vi stancate di essere misericordiosi

p. 43 44. Non scoraggiatevi!
44 45. Scommettete sui grandi ideali
44 46. La dignità e la sicurezza dei lavoratori
45 47. Il confessionale non è una tintoria
45 48. Il mattone più importante della persona?
46 49. Cristo è vivo!
46 50. Camminate con decisione verso la santità
47 51. Una Chiesa ricca e varia
47 52. Camminare insieme
48 53. In difesa dei bambini
48 54. La strada della pazienza
49 55. Costruire ponti, non muri
49 56. Non siate "zitelle"
50 57. La fede fa vedere oltre i limiti dello sguardo umano
50 58. Toccare la carne di Cristo
51 59. Le tentazioni del prete
51 60. Per il popolo
51 61. I cristiani da salotto
52 62. Peccatori sì, corrotti no
52 63. Cristiani di buone maniere e di cattive abitudini: le chiacchiere
53 64. Cristiani di buone maniere e di cattive abitudini: i paragoni
53 65. Apriamoci alla novità
54 66. Lo Spirito Santo è armonia
55 67. L'anima è una barca a vela
56 68. La preghiera coraggiosa ottiene i miracoli

p. 57 69. Il potere del servizio
58 70. Uccidere in nome di Dio è una bestemmia
58 71. Il sale che insaporisce
58 72. Se il Pastore diventa chierico di stato
59 73. Essere Pastori vuol dire camminare in mezzo al gregge
60 74. Preghiera a Maria
61 75. La dogana pastorale
61 76. La Madonna che va di fretta
62 77. E lo Spirito Santo? Ci ama
62 78. Un Dio "spray"
63 79. L'esempio di don Giuseppe Puglisi
64 80. Il fascino del provvisorio
64 81. La carriera ecclesiastica
64 82. Il trionfo tramite il fallimento
65 83. La soluzione di Gesù è la condivisione
66 84. Non dobbiamo temere la solidarietà
66 85. La gioia rende liberi
67 86. Il miracolo della condivisione
68 87. Tutto si perde con la guerra
68 88. Il linguaggio dei corrotti
69 89. Le persone come rifiuti
69 90. Il Cuore di Gesù è un simbolo reale
70 91. Accendere ciascuno la propria luce
70 92. L'egoismo semina morte
70 93. Realismo e fecondità
71 94. Il martirio quotidiano

p. 71 95. Non abbiate paura di andare controcorrente
71 96. Nessuno è il più importante nella Chiesa
72 97. Pietra d'inciampo
72 98. Fede e verità
73 99. I cristiani "telecomandati"
73 100. La coscienza
73 101. I cristiani part time
74 102. La tenerezza di Dio
74 103. La missione non deve diventare mestiere
75 104. Non c'è tempo da perdere in chiacchiere
75 105. Non vivere per se stessi
76 106. Tutti devono essere missionari
76 107. Che la tragedia di Lampedusa non si ripeta
76 108. Un pensiero agli immigrati musulmani
77 109. La solidarietà degli abitanti di Lampedusa
77 110. La globalizzazione dell'indifferenza
78 111. Perdono per chi si è chiuso nel proprio benessere
78 112. Contemplazione e servizio concreto
79 113. Non perdiamo la speranza
79 114. Lasciarsi sorprendere da Dio
80 115. Il cristiano non può essere pessimista
80 116. Atto di consacrazione a Nostra Signora di Aparecida
81 117. Anziani e giovani: poli della vita e promesse dei popoli
82 118. Non "frullate" la fede
82 119. Preghiera

p. 83 120. Come vasi di creta
84 121. La saggezza dei nonni: invecchiare con sapienza
84 122. Rimanere con Cristo non vuol dire isolarsi
84 123. Aiutiamo i giovani
85 124. Paura di fare stupidaggini? Gli Apostoli le hanno fatte prima di noi
85 125. Contro la cultura dell'esclusione
86 126. La fede è una fiamma
86 127. Gesù non ci tratta da schiavi
87 128. Il Vangelo è per tutti
87 129. Annunciare il Vangelo senza paura
87 130. Contiamo su di voi, giovani!
88 131. Non fuochi d'artificio
88 132. Il veleno del vuoto
89 133. Dov'è il vostro tesoro, là sarà anche il vostro cuore
89 134. Un cuore anestetizzato non desidera
90 135. La forza dell'amore
90 136. Ai fratelli musulmani
90 137. La Madre di Cristo è sempre con noi
91 138. Il martirio di Maria
91 139. La fede non è decorativa
92 140. Gesù come segno di contraddizione
92 141. La forza del cristiano
93 142. Diamoci del tu
93 143. Gesù preferisce il peccatore
94 144. Gesù illumina la vita

p. 94 145. Tenere sempre accesa la luce della speranza
94 146. Continuare a cercare la verità
95 147. Non privatizzare l'amore
95 148. L'inquietudine dell'amore
96 149. I consacrati "zitelloni"
96 150. La luce di Gesù non dà spettacolo
97 151. La vita cristiana è una festa
97 152. L'armonia della creazione
98 153. L'orizzonte della bellezza
98 154. I danni dell'egoismo
98 155. Essere umani significa essere custodi gli uni degli altri
99 156. Il linguaggio della morte
99 157. La guerra non può mai essere la via della pace
99 158. La logica dell'amore
100 159. L'impegno continua
100 160. Non restò a pettinare pecore
101 161. La gioia di Dio è perdonare
101 162. È l'amore che salva
102 163. La giustizia di Dio
103 164. Amore e umiltà
103 165. Preghiamo per i governanti
103 166. L'università delle mamme
103 167. Lo sguardo di Cristo cambia la vita
104 168. Vi sono vicino!
104 169. Lo sguardo materno di Maria
105 170. Non si può conoscere Gesù in prima classe

p. 105 171. Il rischio di adagiarsi
106 172. Chi corre dietro al nulla diventa lui stesso nullità
106 173. Uomini e donne della memoria di Dio
107 174. La Chiesa dei peccatori
107 175. Il segreto del matrimonio
107 176. Imitare Cristo
108 177. Chi segue Cristo riceve la vera pace
108 178. Strumenti della pace
109 179. Rispettiamo la creazione
109 180. Una fede forte e umile
110 181. La preghiera del cuore
110 182. Il coraggio della preghiera
110 183. Dio ci sorprende
111 184. I cristiani "a singhiozzo"
111 185. L'importanza di un "grazie"
112 186. Atto di affidamento a Maria
113 187. La santità di tintoria
113 188. Gridare giorno e notte
114 189. Il Signore è al nostro fianco
114 190. L'attaccamento ai soldi distrugge
115 191. Dio ci salva con tenerezza
115 192. Pregare con semplicità
115 193. Custodiamo la fede come un conto in banca?
116 194. La gioia profonda deriva da Dio
116 195. Preghiera del Papa alla Santa Famiglia
118 196. Le insicurezze della fede
119 197. Una speranza che non delude

p. 119 198. La speranza è come il lievito
119 199. I santi non sono superuomini
120 200. La santità è per tutti
120 201. I martiri della violenza e della fame
121 202. Gesù è la salvezza
121 203. Dio ricorda
122 204. Un'unione che perdura anche dopo la morte
122 205. Mani "piagate" d'amore
122 206. Un invito gratuito da Dio
123 207. Dio non smette di cercare coloro che si sono perduti
123 208. Chi pratica le tangenti dà ai figli pane sporco
124 209. Ebrei fratelli maggiori
124 210. In vicinanza al mondo agricolo
125 211. Nelle mani di Dio
125 212. Più servire che dominare
125 213. I falsi salvatori
125 214. Il Signore ci aiuta a non avere paura
126 215. Per le vittime della strada
126 216. Una medicina chiamata Misericordina
127 217. I nonni sono un tesoro
127 218. Anche il Papa si confessa perché è un peccatore
128 219. Promuovere una nuova giustizia sociale
129 220. La lampada della speranza
129 221. Io sono un tempio
129 222. La corsa verso la meta
130 223. La fede rancida

p. 130 224. Lo sport è una risorsa preziosa
131 225. Gli anziani protagonisti della Chiesa
131 226. Gesù è il centro della creazione
132 227. Gesù è il centro della storia di ogni uomo
132 228. Gesù ricordati di me
133 229. I missionari
133 230. Nessuno è escluso dalla gioia del Signore
133 231. Il confessionale non è una sala di tortura
134 232. Questa economia uccide
134 233. Superare l'egoismo
135 234. L'ansia dei risultati
135 235. La mondanità spirituale
136 236. Una implacabile caccia alle streghe
137 237. Il luogo della misericordia gratuita
137 238. L'omelia non è uno spettacolo d'intrattenimento
137 239. La terra è la nostra casa comune
137 240. La solidarietà
138 241. La politica è una delle forme più preziose di carità
139 242. La tratta delle persone
139 243. L'essere umano sacro e inviolabile
140 244. L'ebraismo
141 245. L'islam
141 246. Alla Vergine Maria
143 247. La grazia del coraggio
143 248. La fede si vede nei momenti di difficoltà
144 249. Lavorare per la riconciliazione in Medio Oriente

p. 145 250. Il desiderio di costruire insieme
145 251. Il padrone del tempo
145 252. La fratellanza da laboratorio non è vera fratellanza
146 253. Il pensiero prêt-à-porter
146 254. Il rispetto tra le confessioni religiose per un futuro di convivenza pacifica
147 255. La linfa salutare
147 256. Non guardate la vita dal balcone!
148 257. Fortezza e audacia
148 258. Le sofferenze inspiegabili
149 259. Incontrare Gesù è anche lasciarsi guardare da Lui
149 260. La bellezza di essere in cammino
150 261. L'orizzonte della speranza
150 262. Per i malati di AIDS
150 263. In cammino
151 264. Il primato dell'uomo sulla tecnica e sulle strutture
152 265. I giorni del Messia
152 266. La risurrezione
152 267. Parole impazzite
153 268. La sicurezza della preghiera
153 269. Pionieri in frontiera
154 270. La bussola
154 271. La Chiesa e internet
155 272. Lo sguardo d'amore di Dio
155 273. Preghiera all'Immacolata

p. 157 274. Si fermino per sempre l'inimicizia e le divisioni nel Medio Oriente
158 275. La voce degli affamati diventi un ruggito
158 276. Il Signore non ha paura della tenerezza
158 277. Avanti senza paura
159 278. Il linguaggio di Dio
160 279. La tratta delle persone è un crimine contro l'umanità
160 280. Non dobbiamo vacillare
161 281. Sempre avanti!
161 282. La gioia di una mamma
161 283. Le legalità che ci chiudono le porte
162 284. Il cognome di Dio
162 285. Dio che si è fatto uomo
162 286. L'umiltà necessaria per la fecondità
163 287. Amare il silenzio
163 288. La civiltà dell'amore
164 289. Pietre vive
164 290. La pensione
164 291. Famiglia e casa
165 292. Le tre venute del Signore
165 293. Luci e ombre
166 294. Gli ultimi che diventano primi
166 295. Non abbiamo paura della commozione
167 296. La porta stretta della Croce
167 297. Gli esiliati nascosti
168 298. Dio è dove l'uomo sogna

p. 168 299. Le tre parole chiave per vivere in pace e con gioia in famiglia
169 300. Preghiera alla Santa Famiglia
170 301. Come abbiamo usato il tempo?
170 302. Roma
172 303. Maria sorgente di speranza
172 304. È ora di fermarsi!
173 305. Senza inquietudine siamo sterili
173 306. Dio cammina con noi
174 307. Gesù non desiste
174 308. La santa furbizia
175 309. Un duplice movimento
176 310. Il Signore ci chiama
177 311. Il cuore come un mercato rionale
177 312. L'Iniziazione cristiana
177 313. Nessuno può battezzarsi da sé
178 314. L'amore non è quello delle telenovele
178 315. Il credo dei pappagalli
179 316. Preti farfalla, preti affaristi, preti imprenditori
180 317. Il coro più bello
181 318. Un supplemento di condivisione e di amore
181 319. L'amore artigianale di Dio
182 320. Anziani e giovani sono la speranza dell'umanità
182 321. La trasparenza evangelica
183 322. La grazia
183 323. Il Battesimo ci rende discepoli missionari
183 324. La vergogna della Chiesa

p. 184 325. Il vero padrone di casa
184 326. L'ecumenismo
185 327. Il livello etico della comunicazione
185 328. Le sofferenze dei migranti
185 329. Il rapporto del Signore con il suo popolo è personale
186 330. I deboli per confondere i potenti
186 331. Custodire la piccolezza
186 332. Il coraggio della felicità
187 333. Le divisioni sono uno scandalo
187 334. Le divisioni svuotano la Croce della sua potenza
187 335. Trovare nell'altro un fratello da abbracciare
188 336. La gelosia è un'inquietudine cattiva
188 337. La persona invidiosa non sa cantare
189 338. Le chiacchiere sono armi del diavolo
189 339. L'invidia uccide
189 340. Umiltà e mitezza indispensabili per il dialogo
190 341. Ponti, non muri
190 342. I requisiti del buon giudice: maturità umana
191 343. I requisiti del buon giudice: obiettività di giudizio ed equità
191 344. I requisiti del buon giudice: spirito di servizio
191 345. Siate essenzialmente pastori
192 346. Una presenza femminile più capillare nella Chiesa
192 347. Le doti femminili come punto di forza
192 348. L'apporto del genio femminile
193 349. Dio preferisce partire dalla periferia

p. 193 350. Per Cocò Campolongo
193 351. L'anelito insopprimibile alla fraternità
194 352. Grazie ai Vescovi e preti coraggiosi
194 353. La Confermazione
195 354. I sette doni dello Spirito Santo
195 355. La tentazione è il pane nostro di ogni giorno
196 356. La nostra vita come dono generoso
196 357. La difesa e la promozione della vita
196 358. Non usare Dio
197 359. L'atteggiamento penitenziale
197 360. Gli atteggiamenti del buon cristiano
197 361. Il padre ha bisogno del figlio
198 362. L'Eucaristia
198 363. Entrare con cortesia nella vita dell'altro
198 364. Anche le parole possono uccidere
199 365. A Maria

201 *Indice delle parole chiave*

Giovanni Paolo II

Le mie preghiere - Le mie poesie

Karol Wojtyla, nato il 18 maggio 1920 a Wadowice, un paese dell'Alta Slesia a 21 chilometri da Cracovia, è morto a Roma il 2 aprile 2005. Perse a nove anni la madre e il peso della sua educazione ricadde sul padre, sottufficiale di carriera, che abituò il figlio a una severa disciplina. Karol Wojtyla fu ordinato sacerdote nel 1946, e nel 1967, a soli 47 anni, fu ordinato cardinale da Paolo VI. Divenne papa il 16 ottobre 1978 con il nome di Giovanni Paolo II ed è stato beatificato il 1° maggio 2011.

Volume in brossura di 528 pagine. € 4,90

Le preghiere di Karol Wojtyla, vibranti di fervore umano e di convinzioni profonde, di intensità interiore e di straordinarie risorse espressive, abbracciano certezze soprannaturali e un ampio ventaglio di argomenti teologico-sociali. Riecheggiando alcuni Padri della Chiesa come sant'Agostino o san Tommaso d'Aquino, Giovanni Paolo II ritiene la preghiera, nella quale si affida a un ampio periodare, a una grande varietà di immagini, simboli e figure retoriche, un colloquio con Dio, una ricerca di Dio che è al tempo stesso la Sua rivelazione più alta. Alle preghiere si aggiungono le *Poesie*, che rappresentano un'esperienza umana e un efficace strumento pastorale allo stesso tempo. Pubblicate sotto diversi pseudonimi, più volte ristampate e tradotte in numerose lingue, continuano a godere ancora oggi di una straordinaria e ininterrotta fortuna.

NEWTON COMPTON EDITORI